Autorenbücher 27

Herausgegeben von
Heinz Ludwig Arnold und Ernst-Peter Wieckenberg

W0467993

Die bisher erschienenen Bände:

Die Reihe wird fortgesetzt

Über den Verfasser

Joseph Kraus, geb. 1925, lebt in Los Angeles, Kalifornien und ist dort Professor für Deutsch am Los Angeles Valley College. Zugleich ist er Direktor des ‚German in Munich' Programms des Los Angeles Community College Systems. Veröffentlichungen u. a.: Wilhelm Busch (Rowohlt Monographien), 1970; The Missing Link or the Quiet Rebellion of Hans Erich Nossak, 1976; Artikel über Billy Wilder und Felix Jackson, in: Deutsche Exilliteratur, 1976.

Joseph Kraus

Hans Erich Nossack

Verlag C. H. Beck
Verlag edition text + kritik

Die ‚Autorenbücher‘ sind eine Gemeinschaftsproduktion
der Verlage C. H. Beck und edition text + kritik

CIP-Kurztitelaufnahme der Deutschen Bibliothek

Kraus, Joseph:
Hans Erich Nossack / Joseph Kraus. – München: Beck;
[München]: Verlag Edition Text u. Kritik, 1981.
(Autorenbücher; 27)
ISBN 3 406 08419 2
NE: GT

ISBN 3 406 08419 2

Umschlagentwurf von Dieter Vollendorf, München
Foto: Suhrkamp Verlag, Frankfurt/Main
© C. H. Beck'sche Verlagsbuchhandlung (Oscar Beck), München 1981
Gesamtherstellung: C. H. Beck'sche Buchdruckerei, Nördlingen
Printed in Germany

Inhalt

I. Hans Erich Nossack
1901–1977

Trotz über dreißig Buchveröffentlichungen, trotz der Tatsache, daß mindestens sechsundsechzig Übersetzungen aus seinem Werk sich auf achtzehn Fremdsprachen verteilen, trotz zahlreicher Beiträge in Zeitungen und Zeitschriften, trotz Orden und Preisen und Interviews gibt es immer noch viele Leute, die bei der Erwähnung seines Namens sagen: Nossack? Nie gehört!

Hans Erich Nossack wurde am 30. Januar 1901 in Hamburg geboren, wo er – mit vielen Unterbrechungen – lebte und am 2. November 1977 starb. Die väterliche Importfirma Eugen Nossack hatte ihr Büro und Lagerhaus im Hamburger Freihafen, sowie eine Exportfirma in Santos, Brasilien. Die Familie gehörte zum Hamburger Großbürgertum.

Der junge Nossack studierte drei Jahre lang Jura und Philosophie in Jena, bis er 1922 mit der Familie brach, ihre Unterstützungsgelder zurückwies und Fabrikarbeiter wurde. Von der Russischen Revolution begeistert, wurde er aktives Mitglied der KPD, trat aber später wieder aus, als er merkte, daß die Parteiführung weniger am „neuen Menschen" als am ideologischen Konformismus interessiert war.

Im Jahre 1925 begann die lebenslange Ehe mit Gabriele Knierer. Nossack wurde Bankangestellter und später Bankkaufmann. Als die Gefahr der Machtübernahme durch die Nationalsozialisten drohender wurde, wandten sich beide Nossacks wieder der KPD zu. In mühseliger Kleinarbeit halfen sie mit beim Versuch, den Widerstand der Arbeiterschaft zu organisieren. Nach der Hitlerschen Machtübernahme floh der „Kommunist" Nossack ins schützende Milieu der väterlichen Firma, deren Leitung er bald übernehmen mußte. Trotzdem waren mindestens vier Haussuchungen zu überstehen, wobei einmal ein Kommunist in SA-Uniform dafür sorgte, daß belastendes Material übersehen wurde. Im Jahre 1933 hätte Nossacks erstes Manuskript veröffentlicht werden sollen; nun mußte er froh sein, mit einem Schreibverbot davonzukommen. Er schrieb heimlich und versteckte die Manuskripte. Doch die Verantwortung für die Firma und für die Familie, die von ihr abhing, wurde ein großes Hindernis zwischen 1933 und 1956. Erst dann konnte er die Firma mit Hilfe des Schweizer Industriellen Kurt Bösch auflösen und sich ganz dem Schreiben zuwenden.

Die Zerstörung Hamburgs im Juli 1943 bedeutete für Nossack nicht nur den Verlust seiner Manuskripte und seiner Tagebücher, sie war ihm symptomatisch für das Ausgeliefertsein des Menschen an den anonym funktionierenden „Apparat". Sein Thema ist die Verteidigung des Menschen und seiner geistigen Möglichkeiten gegen den „Institutionalismus" des Ameisenhaufens. Dem Geschäftsmann und Kommunisten ging es nicht mehr um sinnentleerte Chiffren wie „Kapitalismus" und „Sozialismus", sondern um die Integration existentieller Wirklichkeiten, die ineinander übergreifen, ohne viel voneinander zu wissen.

Nossack blieb Außenseiter, aber die deutsche Literatur seit 1945 ist ohne ihn nicht zu denken.

Der Schriftsteller und seine Themen

„Über das Selbstverständliche darf man nicht schreiben. Man darf es nur wissen. Aber manchmal vergißt man sich." Zwar ist es nur eine betrunkene Romanfigur Hans Erich Nossacks, die hier mit scheinbar elitärem Hochmut und lakonischer Kürze ihrer Verärgerung Luft macht, doch könnte der Schriftsteller selbst diese Worte in eigener Sache gesagt haben. Ehe man sich aber zu sehr wundert, warum sich der Autor dieser unwirschen Zeilen nicht nur manchmal, sondern pausenlos schreibend „vergessen" hat, soll geklärt werden, was das sogenannte Selbstverständliche für ihn bedeutete. Das Selbstverständliche war ihm nicht gleichbedeutend mit den routinemäßigen Verrichtungen des Alltags oder mit den konditionierten Verhaltensweisen des gesellschaftlichen Kollektivs. Denn was in diesem Sinne in sozialer Übereinkunft als normal bezeichnet wird, was sich im schwäbischen „schaffe-schaffe-Häusle-baue-verrecke" mit selbstkritischer Komik ironisiert, und was im totalen Industriestaat – gleich welcher Ideologie – durch Zwang und Verführung den absoluten Konformismus herbeizuführen droht, bedeutete ihm die Negation der evolutionären Möglichkeiten des Menschen. Das Selbstverständliche war für Nossack der Mensch als ein Wesen, das sich den eigenen Entwicklungsmöglichkeiten verpflichtet fühlt und das, wenn notwendig, aus dem gesellschaftlichen Zusammenhang heraustritt, um sie zu verwirklichen. Daß eine solche Privataktion – sei sie nun lobenswert oder nicht – in keiner Weise der gewohnten und daher als selbstverständlich empfundenen Verhaltensweise entspricht, ist offensichtlich. Und tatsächlich ist es nicht häufig, daß Nossack über das ihm Selbstverständliche unverschleiert schrieb, indem er sich „vergaß".

Der schreibende Importkaufmann Nossack – nur die letzten zwanzig Jahre seines Lebens war er frei von der Verantwortung für die Firma – erwähnte oft seine Vorliebe für Märchen, weil sie die Ur-Erfahrungen der Menschen widerspiegeln. In der kurzen Abhandlung ‚Das Märchenbuch' weist er darauf hin, daß ihm Märchenwelt und Wirklichkeit identisch sind: „Ich brauche ja nur um mich zu sehen und es zu erleben." (‚Interview mit dem Tode', Frankfurt am Main 1966). So vermittelt seine Sehweise dem Leser märchenhafte Inhalte in modernen Kostümen, zeitlose menschliche Existenzfragen erscheinen auf der Bühne einer zufällig modernen Welt. Nossacks Stil ist jedoch durchaus realistisch; manchmal von essayistischer Klarheit. Seine Begabung für prägnante Formulierungen zeigt sich auch in den wirkungsvollen Titeln seiner Bücher, Kurzgeschichten, Reden und Essays. Der Ernst seines schriftstellerischen Engagements verhinderte den Mißbrauch dieses Talents für die gezielte Herstellung publizistischer Erfolgsschlager, weil dabei ,,über der Formulierung die Wahrheit zum Teufel" geht. Bei der stilistischen Klarheit dieses Schriftstellers ist es manchem Leser dann um so ärgerlicher, daß seine Werke so wenig Greifbares zu vermitteln scheinen, zumindest beim ersten raschen Lesen. Und wer liest heute ein Buch schon ein zweites Mal? Nossack machte sich diese Mühe und fand, daß man erst beim zweiten oder dritten Lesen herausfindet, ob ein Buch es wert war, das erste Mal gelesen worden zu sein. Die meisten Bestseller können einem wiederholten Lesen nicht standhalten, zumal wenn sie sich auf gerade vorherrschende Denkmoden und Meinungswellen einstellen und sie publizistisch ausschlachten. Nossack war der Meinung, daß er Wichtiges zu sagen habe, und er war daran interessiert, einen breiten Leserkreis zu bekommen. Andrerseits wußte er auch, daß ,,nichts so sehr verfälscht wie der Erfolg". Zwar haben seine Bücher nie die hohen Auflagenziffern seiner berühmteren Kollegen erreicht, aber seine Leserschaft ist trotzdem stetig gewachsen. Bei der fast störrischen Eigenart dieses Schriftstellers ist es erstaunlich, daß er den Georg-Büchner-Preis, den Wilhelm-Raabe-Preis und andere gewann, daß ihm der Staat den Pourlemérite und das Große Bundesverdienstkreuz verlieh. Zwar lehnte er die Zuständigkeit staatlicher oder wirtschaftlicher Instanzen in kulturellen Dingen knurrend ab als Relikte aus der Feudalzeit, doch war er realistisch genug zu wissen, daß derartige institutionelle Ehrungen notwendig sind, wenn man gehört werden will. Tatsache war, daß er von seiner Schriftstellerei kaum leben konnte. Die Annahme der Preisbeträge erleichterte er sich durch eine gespielte Mischung aus Spott und Nüchternheit: ,,Frage: Sie sind gegen Preise? Antwort: Legen Sie mir doch nicht so etwas Idiotisches in den Mund. Es kann gar nicht genug Preise geben. Die Künstler und Schriftsteller haben doch Geld nötig; von Bildern und Büchern allein können die wenigsten leben. Ich bin gegen die Festakte, teures Blumenarrangement auf dem Podium. Ein Satz aus einem Beethoven-Quartett vorher und Hindemith hinterher. Dann der bedauernswerte Oberbürgermeister, der über Literatur reden muß, um die Ausgabe vor den Steuerzahlern zu rechtfertigen. Und so weiter." (‚Über Hans Erich Nossack', Frankfurt am Main 1970, S. 12) Bei allem Sarkasmus war das Mitleid mit dem Bürgermeister sogar echt, denn auch Nossack, der als Geschäftsmann dem wirtschaftlichen Leben seiner Stadt so lange verbunden war, haßte „literarisches Geschwätz", sei es bei Podiumsgesprächen, literarischen Kongressen oder eben Preisverleihungen. Man muß allerdings hinzufügen, daß Nossack gerade bei solchen Anlässen wichtige Reden gehalten hat. Sie sind in dem Band ‚Die schwache Position der Literatur' (Frankfurt am Main 1967) enthalten.

Dieser Schriftsteller entzieht sich allen Versuchen, ihn in diese oder jene literarische Richtung einzuordnen. Siegfried Lenz sagte dazu: „Was sein Werk angeht: trotz aller Aufkleber hat die letzte etikettierende Einigung noch lange nicht stattgefunden, und sie wird, so hoffe ich für ihn, nie stattfinden, einfach, damit die lebensfördernde Unentschiedenheit gewahrt bleibt, aus der wir uns erregen und beunruhigen, herausfordern und inspirieren lassen."[1] Um Publikumswirkung hat sich Nossack nie gekümmert. Daß er trotzdem wirkte, verdankt er dem hohen Ungewöhnlichkeitsgrad seiner hartnäckig behaupteten Eigenart. Die Überschriften vieler Rezensionen und Nachrufe in Zeitungen bestätigen die Wirkungskraft seines Außenseitertums: „Ein stolzer Solist", „Ein Autor ohne Rücksicht auf Erfolg", „Ein Humanist in der Außenseiterrolle", und auch Siegfried Lenz charakterisierte ihn als unbeirrbaren Einzelgänger in der deutschen Gegenwartsliteratur. Breitenwirkung kann man von solch einem Schriftsteller nicht erwarten, dahingegen fand sein Werk „die beharrliche Zustimmung einer anspruchsvollen Minderheit."[2]

Bei Nossacks Vorliebe für eine Schreibweise, die weitaus unkomplizierter zu sein scheint als die Inhalte, die sie zu vermitteln sucht, ist es nicht erstaunlich, daß er eine kunstvoll konstruierte, ironisierende Schriftsprache wie diejenige Thomas Manns instinktiv ablehnte. Bei kunstgewerblicher Perfektion überwiegt das Wie über das Warum, fand er, der Inhalt wird zum Vorwand, die stilistische Fertigkeit wird Selbstzweck. Er selbst strebte einer Sprache nach, die sich sprechen läßt. Das ist ihm auch gelungen. Trotzdem trifft gerade Thomas Manns Bonmot auch bei ihm zu: der Schriftsteller sei ein Mensch, dem das Schreiben besonders schwerfalle. Nossack fand, daß die stilistische Einfachheit besonders schwer zu erreichen sei. Sein Lehrmeister in dieser Hinsicht war Stendhal: „Er hat nachweislich meinen Stil gebildet, d. h. er hat mir beizubringen versucht, mich so schlicht wie möglich auszudrücken, ohne kunstgewerbliche Adjektive, ohne berauschende Bilder und ohne Bluff, mehr wie ein Briefschreiber und beinahe im Alltagsjargon. Wahrheiten, die einem selbstverständlich sind, soll man in einem Nebensatz abtun, ohne sich damit zu spreizen. Das ist die Lehre Stendhals, wie ich sie begriffen habe." (‚Pseudoautobiographische Glossen', 20–21) So schlicht wie möglich. Manchmal ist dem Leser diese Schlichtheit gar zu kunstlos, und zwar immer dann, wenn sich Nossack etwas zu glaubhaft auf das niedrige Sprachniveau mancher „Erzähler" einstellte. Andrerseits findet man wahre Bravourstücke stilistischer Eleganz *und* inhaltlicher Dichte in Nossacks Werk, in fast allen Kurzgeschichten, Essays und in den meisten längeren Erzählungen und Romanen. Die Erzählung ‚Unmögliche Beweisaufnahme' ist von Anfang bis Ende ein Beispiel beherrschter stilistischer Beweglichkeit, das seinesgleichen sucht in der deutschen Literatur seit 1945. Und die Wahrheiten, die ihm selbstverständlich waren, hat Nossack tatsächlich in Nebensätzen „abgetan"; das Wort „verkünden", das einem bei dem Wort „Wahrheit" sofort in den Sinn kommt, wirkt bei der betonten Nüchternheit des Hamburger Kaufmanns völlig unmöglich. Über das Selbstverständliche, wie gesagt, darf man eigentlich nicht schreiben. Und wenn schon, dann nur in Nebensätzen.

Es ist aufschlußreich, einige Interviews bekannter Kritiker mit Nossack zu lesen; aufschlußreich hinsichtlich dessen, was er *nicht* sagte. So gelang es z. B. Horst Bieneck[3] und Manfred Durzak[4] trotz intelligenter und einfühlsamer Fragestellung selten, den Schriftsteller aus seiner Reserviertheit herauszulocken und gar zu Aussagen zu verführen, die nicht schon von ihm selbst über sich selbst gedruckt vorliegen. Christof Schmid, Verfasser des ersten wichtigen Buches über Nossack,[5] scheint es ähnlich ergangen zu sein. Und mir selbst antwortete Nossack bei Besuchen in Hamburg auch nur mit Aussagen, die ich schon gelesen hatte, sobald es um sein Werk ging. Es war ihm lästig, über seine Bücher reden zu müssen. Was einmal gedruckt vorlag, waren für ihn ,,gestrige Fußspuren". Ihm, der in selbstgewählter Einsamkeit mit seiner Frau in Hamburg lebte, lag mehr daran, daß sich seine Besucher mit ihm über nichtliterarische Dinge unterhielten und einfach ,,da" waren. Literatur *lebte* er Tag und Nacht. Wozu noch darüber reden. Was er einmal über den von ihm verehrten Ernst Barlach schrieb, traf gewiß auch bei ihm zu. Er hatte sich nach Barlachs Tod Vorwürfe gemacht, den von den Nazis Geächteten nicht in seiner Einsamkeit besucht zu haben: ,,Daß ich es unterlassen habe, geschah weniger aus Trägheit des Herzens als aus Schüchternheit oder aus dem Gefühl eigener Unreife. Ich sagte mir: Du darfst einen so großen Mann nicht mit dir belästigen. Ich wußte damals noch nicht, daß der Begriff ,großer Mann' doch nur eine von der Außenwelt erfundene und für die Außenwelt gültige Schablone ist, daß sich dahinter vielleicht ein Mensch verbirgt, der ganz schlicht nach unserer Liebe hungert." (,Pseudoautobiographische Glossen', 45) So war er froh, wenn literarische Verhöre vorüber waren und man sich über etwas Interessantes unterhalten konnte.

Im Grunde hatte Nossack recht, wenn er sich in bezug auf sein eigenes Werk so wortkarg verhielt: Ein Kunstwerk muß aus sich selbst heraus wirken. Damit ist nicht gesagt, daß erste Eindrücke nicht trotzdem durch eine größere Kenntnis des Gesamtwerks und der privaten und zeitgeschichtlichen Situation des Künstlers vertieft werden können. Der Künstler hat seine eigenen Gründe, warum er sein Werk so und nicht anders gestaltet hat. Warum dies Werk auf den Beschauer oder Leser wirkt, läßt sich nur von deren eigener Situation her verstehen.

Nun hat Nossack allerdings, in klarer Kenntnis seines eigenen Werks, dem Leser manche Anhaltspunkte gegeben, wovon viele in den essayistischen Sammelbändchen ,Die schwache Position der Literatur' und ,Pseudoautobiographische Glossen' enthalten sind. So ließ er darin einen gewissen Berthold Möncken – eine Romanfigur aus ,Spätestens im November' – ein Interview mit Hans Erich Nossack veranstalten. Da heißt es kurz und bündig: „In allen Büchern Nossacks geht es um das Problem der Grenzüberschreitung." (,Pseudoautobiographische Glossen', 16) Oder er erwähnt das Leben im „Nicht-Versicherbaren", das eine „Absage an das funktionalisierte Herkömmliche" bedeute. Ein „Klytämnestramotiv" wird erwähnt, und es ist die Rede von einem „Mal", das weiter hinausgeschoben werden müsse. Das Schreiben wird als die beste Möglichkeit der „Selbstvernichtung und Selbstverwirklichung" bezeichnet. Und dann heißt es, die eigentliche Motivation seines Dichtens sei, der Gefahr des Erfrierens in der Einöde „jenseits der Grenze unserer Fassadenrealität" zu entrinnen und in einer Welt ohne feste Orientierungshilfen nicht die eigene Richtung und das existentielle Gleichgewicht zu verlieren. Am Ende steht der oft zitierte Satz: „Ich singe manchmal, um mich selbst zu hören." (17)

Es liest sich leicht und gut, dies scheinbar informative Interview, das der Autor seiner Romanfigur gewährt. Die klare Sprache verführt den Leser dazu zu meinen, er habe den Inhalt tatsächlich verstanden. Doch der Hinweis, daß sich ein Knabe im Schwimmen übe, um eines Tages an ein gegenüberliegendes verbotenes Ufer zu gelangen, sagt dem Leser nichts Konkretes über den Begriff der Grenzüberschreitung, zu dessen Erklärung er angeführt wurde. Und was heißt denn das Nicht-Versicherbare, und das funktionalisierte Herkömmliche? Oder was ist mit diesem Mal? Was für ein Mal ist das? Wohin soll es weiter hinausgeschoben werden? Und dann die Selbstvernichtung und Selbstverwirklichung? Heißt das etwa Tod und Auferstehung im christlich-religiösen Sinne? Oder Goethes Stirb-und-Werde? Oder handelt es sich um mystische Entselbstung mit anschließender Vereinigung der selbstfreien Seele mit einem allgegenwärtigen übergeordneten Prinzip? Keine dieser Interpretationsmöglichkeiten trifft zu. Nossack wußte sehr wohl, daß er in seinem fiktiven Interview nur ein paar Glanzlichter aufleuchten ließ, die allerdings vielversprechend genug sind, ihnen in eine noch dunkle literarische Landschaft nachzugehen. Nossack hatte den Hang, das eben von ihm Gesagte schnell wieder halb zu verwischen, so auch hier: „Im Zusammenhang wirken diese Zitate eher wie beiläufige Gesten, als ob der Dichter sich schäme, etwas so Selbstverständliches überhaupt zu erwähnen.“ (17) In der Tat, es bleibt einem nichts übrig, als ein paar Werke von Nossack zu lesen. Daß sich der Versuch lohnt, dafür sprechen eben auch die vielen engagierten Stellungnahmen – „anspruchsvoller Leute“.

Vor der Besprechung einzelner Werke muß versucht werden, einige der leicht mißverständlichen Bezeichnungen und Begriffe zu erklären. Nicht daß es sich um lexikalisch komplizierte Dinge handelte. Im Gegenteil, sie wären weniger mißverständlich, wenn sie komplizierter und dadurch genauer wären. Meistens hat man es mit Begriffen zu tun, die auch dem einfachsten Menschen aus der Tagessprache geläufig sind: z. B. Bild, Name, Grenze, Linie, Engel. Die Bedeutung dieser einfachen Wörter bleibt oft unklar, weil ihre Verwendung in Nossacks Texten über ihre Bedeutungsnormen hinausgeht; es sind Wortsymbole, deren Bedeutungsfülle erst allmählich Konturen annimmt. Mit etwas Geduld wird der Leser herausfinden, daß ihm der Schriftsteller mit diesen Symbolworten Ausgangspunkte angibt, eine Richtung für seine Vorstellungskraft, die ihn, sozusagen in Partnerschaft mit dem Autor, die erweiterten Bedeutungen verstehen läßt. Erschwerend ist bei diesem Prozeß nur die Tatsache, daß z. B. bei den Bezeichnungen „Name“ und „Bild“ zwei verschiedene Ebenen zuständig sein können, eine soziologisch-öffentliche und eine geistig-private. Soziologisch verstanden ist der Name einfach eine standesamtliche Kategorie ohne persönliche Bedeutung, und das soziologisch verstandene „Bild“ ist ein Sammelbegriff für das ganze

Bündel soziologischer Rollen, die man als Mitglied der Gesellschaft innehat. Im erweiterten Sinne bedeutet Name aber das Ur-Persönliche, das Unverwechselbare eines Individuums. Die erweiterte Bedeutung von ,,Bild" ist eine Vorschau der Selbstverwirklichung eines Menschen, wie sie im Namen veranlagt ist. Der Weg vom Namen zum Bild ist nur durch die Einhaltung der eigenen ,,Richtung" zu bewältigen. Für Nossack ist der häßliche Gesichtsausdruck so vieler Menschen darauf zurückzuführen, daß sie ihre eigene Richtung verfehlt oder aus Opportunismus verraten haben.

Manchem Leser mag die Verwendung gleicher Wörter für solch ungleiche Dinge als eine ärgerliche Erschwerung für das Verständnis erscheinen, doch macht ja gerade die Gleichheit der Bezeichnungen deutlich, daß es sich auf der soziologischen Ebene um das *mißverstandene* Eigentliche handelt. Oder um mit Nietzsche zu sprechen: um öffentlich meinende, handelnde, fühlende Scheinmenschen – konditionierte Kreaturen des jeweiligen Gemeinwesens. Abgesehen davon war Nossacks Gedanken- oder Erlebniswelt so komplex, daß sie sich nicht immer mit einer nur logischen Erzählweise wiedergeben ließ. Er selbst wäre gern mit simpler Logik ausgekommen. Mit Vergnügen las er manchmal die Kriminalromane des Franzosen Simenon, weil es darin keine Situationen gibt, deren Verzwicktheit sich nicht endlich doch noch durch die geduldige Anwendung von konsequenter Logik lösen ließen. Solche Bücher waren für Nossack reine Illusions-Literatur und deshalb erholend.

Die Verwendung gleicher Wörter für konträre Dinge ist übrigens nicht neu. Schon bei dem Mystiker Meister Eckhart dient diese Methode der Aktivierung des Denkens: ,,Ich bitte Gott, daß er mich von Gott befreie", was, wenn man den Kommentatoren glauben darf, so viel heißt wie: Ich bitte Gott, daß er mich von meinen Gottes*vorstellungen* befreie, weil sie der Wahrnehmung des wirklichen Gottes im Wege stehen. Die Ähnlichkeit mit Nossacks Gebrauch von Name und Bild ist auffallend. Nossack-Figuren, die über ihren soziologischen Namen und ihr soziologisches Bild hinauswachsen und diese Rollenfunktionen nur noch nebenbei – aus Mitleid mit der Gesellschaft, die sonst an sich zweifeln müßte – ausüben, sind frei für den Weg zum wahren Bild, zu welchem sie der wahre Name verpflichtet.

Bei der Figur des Engels, die immer wieder auftaucht, steht immerhin fest, daß sie nichts mit Religion und Kirche zu tun hat. Es scheint, daß der Engel die Übereinstimmung zwischen Namen und Bild symbolisch darstellt. Man hat ihn oft mit einer anderen, mehrmals auftretenden Nossack-Figur, dem jüngeren Bruder, in Verbindung gebracht. Ob die beiden Figuren wirklich identisch sind, muß, trotz der Ähnlichkeit ihrer Wirkung auf andere Romanfiguren, bezweifelt werden. Der jüngere Bruder, so scheint mir, verweist den Menschen auf die eigene Richtung, hat sie selbst aber noch nicht eingeschlagen. Der Engel steht als Ziel am Ende des Weges in der eigenen Richtung, eine Stellung, die ihn dem sogenannten älteren Bruder, dem Nossackschen „Orest", näherrückt. Doch diese Figuren sollen später behandelt werden. Bei diesen Überlegungen zeigt sich übrigens, wie irreführend es sein kann, wenn man meint, einem Autor eine Übereinstimmung aller Teile seines Werks unterschieben zu müssen. Diese Übereinstimmung besteht im Wesentlichen durchaus, doch muß man nicht erwarten, daß es im Verlauf einer jahrzehntelangen Schaffensperiode zu keinen Akzentverschiebungen gekommen wäre.

Während sich die oben angeführten Bezeichnungen auf Personen oder auf Aspekte der menschlichen Persönlichkeit beziehen, gibt es eine Anzahl Begriffe, mit welchen Nossack die verschiedenen Regionen des Handlungsraums voneinander trennt. Da wird zum Beispiel häufig eine „andere Seite" erwähnt, ein „anderes Ufer" oder auch nur die andere Seite einer Straße. Der in religiösen Dingen versierte Leser wird da gleich an ein Jenseits denken wollen, wo alles besser sein soll als hier. Auch ein paar Nossack-Figuren sind dieser Meinung, aber sie irren sich. Die andere Seite ist anders, aber nicht besser. In manchen Nossack-Werken erscheint sie sogar als schlechter: als

Ort der Repression, Wunschziel der Lebensmüden, Verantwortungsmüden. Man denkt dabei an Erich Fromm und seine Sorge um die Freiheitsmüden, die mit der Aufgabe der Freiheit auch auf die Ausbildung ihrer Persönlichkeit verzichten. Doch für den Psychiater Erich Fromm ging es dabei in erster Linie um das psychische Gleichgewicht der Menschen. Für Nossack genügte das nicht. Eine seiner Figuren vertritt ja die Ansicht – und Nossack teilte sie – daß der Mensch überhaupt erst da anfange, wo die Psychiatrie aufhöre. Eine trotzige Feststellung, die besagt, daß eine Psychologie, die nur ein materialistisches Menschenbild zur Erkenntnisgrundlage hat, welche die Psyche des Menschen sozusagen nur als diffuse Physis verstehen will, nichts vom Menschen weiß. Nossacks offenbare Ansicht vom Menschen als einem Wesen, das erst im Nicht-mehr-Physischen und Nicht-mehr-Psychologischen interessant zu werden beginnt, wird durch manche seiner Figuren angedeutet. Name und Bild, wie Nossack sie gebraucht, sind geistiger Art. Anders läßt es sich nicht sagen. Der nüchterne Autor lehnte es ab, solche Dinge direkt auszusprechen. Er wollte nicht mit esoterischen Schwärmern verwechselt werden. Auch den Okkultismus seines engen Freundes, Hans Henny Jahnn, lehnte er entschieden ab, denn gerade in geistigen Dingen war ihm Nüchternheit oberstes Gebot.

Von größter Wichtigkeit ist in seinem Werk auch der Begriff der Grenzüberschreitung. Auch hier drängt sich die Frage auf: welche Grenze denn? In welcher Richtung oder wohin überhaupt wird sie überschritten? Die Frage ist um so dringlicher, als ja die andere Seite kein lohnendes Ziel zu sein scheint. Es handelt sich um die Grenze, welche die illusionäre „Fassadenrealität" der gesellschaftlich sanktionierten Welt – ob sie sich auf dieser oder der „anderen" Seite befindet, ist gleichgültig – von der existentiellen Wirklichkeit des Individuums trennt. Für diese eigentliche Wirklichkeit gebraucht Nossack Bezeichnungen wie: das Außerhalb, das Nicht-Versicherbare, der Zwischenraum, das Exil, oder einfach das Nichts, bei dessen Erwähnung er aber gleich hinzufügt: das aber nicht das Nichts ist.[6] Auch hier darf man wieder an die Mystiker erinnern, für die auch erst beim Nichts, d. h. bei der Aufhebung aller Denkschablonen, das Etwas einer möglichen Wirklichkeit sichtbar wird. Den verlorenen Zustand des Menschen im sogenannten Nichts zwischen den Fassadenrealitäten beschreibt Nossack mit einem treffenden Bild, das zwar gedruckt vorliegt, auf das er sich aber auch gesprächsweise gern bezog: „Wissen Sie, wie man feststellt, ob ein Spiegel antik ist? Halten Sie den Zeigefinger an die Spiegelscheibe, und wenn ein deutlicher Zwischenraum zwischen der Fingerspitze und dem Spiegel ist, dann handelt es sich um einen antiken Spiegel. Inzwischen ist die Technik so raffiniert geworden, daß dieser Zwischenraum mit dem bloßen Auge nicht mehr wahrnehmbar ist, aber das ist eine Täuschung, der Zwischenraum ist immer noch da und die Fingerspitze wird immer noch kalt. Ist es einem Menschen übelzunehmen, wenn er in dieser Leere zwischen der sogenannten Realität und ihrem Abbild komische Gesichter schneidet? Da man weder auf der einen noch auf der andern Seite einen ausreichenden Halt findet, macht man ein paar zappelige Handbewegungen. Entschuldigen Sie, das ist nur eine Art Gleichnis für die Wirklichkeit. Sie brauchen es nicht ernst zu nehmen." (‚Über Hans Erich Nossack', 17). Wer in diesem exterritorialen Freiraum lebt, ist geistig staatenlos: ohne den Paß gesellschaftlicher Zurechnungsfähigkeit, ohne den Schutz gesellschaftlicher Gewohnheiten, ohne Bindung an ein Kollektiv.

In seinem späteren Werk spricht Nossack dann von „Remigration". Er meint damit die Rückkehr aus dem Nichts in die Gesellschaft. Was er selbst und seine Figuren jedoch emphatisch verneinen, ist der naheliegende Gedanke, daß die Remigration einfach eine reumütige Rückkehr zum heimisch gemütlichen Herd sei. Den Begriff Heimat lehnte der Autor verächtlich ab als rückwärtsblickenden Romantizismus. Der eine oder andere Remigrant, das gibt er zu, mag in der Wüste seiner existentiellen Einsamkeit von den Apfelbäumen gemäßigter Zonen geträumt haben und nun versuchen, seine Exterritorialität im „falschen Ferienglück" eines lieblichen Alpentals zu vergessen. Es wird ihm nicht gelingen. Wer einmal im Außerhalb war, mag zwar in seine Zeit und Gesellschaft zurückkehren, doch die Erfahrung seiner Exterritorialität bringt er mit sich, sie umgibt ihn wie eine kühle, abkühlende Hülle. Er wird sich in einer prosaischen Stadt eine prosaische Ecke suchen, deren Kunstlosigkeit ihm innerhalb der Fassadenrealität immer noch den größten Wirklichkeitsgehalt verspricht. So lebt der Remigrant scheinbar integriert in der Fassadenrealität, ohne ihr anzugehören.

Nossack war der Ansicht, daß das soziale Leben von zwei einander feindlichen Prinzipien regiert werde, die er als Matriarchat und Patriarchat bezeichnete. Diese Begriffe haben bei ihm nichts mit ihrer herkömmlichen Bedeutung zu tun, sie bezeichnen also nicht etwa soziale Gebilde mit entweder weiblicher oder männlicher Autoritäts- und Besitzgrundlage. Auch mit Männern und Frauen haben sie eigentlich nichts zu tun. Was gemeint ist, sind die einander gegensätzlichen Pole von Ruhe und Bewegung, in deren Spannungsfeld sich die soziale Struktur formiert. Weder das eine noch das andere Prinzip ist an sich negativ oder positiv. Wo das matriarchalische Prinzip überwiegt, tendiert der soziale Organismus zur Aufrechterhaltung eines jeden Status quo, zu Konformismus und blindem Funktionalismus. Die schlimmste Manifestation des matriarchalischen Prinzips ist die blindwütige Freß- und Fortpflanzungsmaschine des durchfunktionalisierten Ameisenhaufens, ein Bild, das in Nossacks Essays immer wieder beschworen wird. Alles, was dem sinnentleerten Kreislauf des Fressens-um-zu-leben und des Lebens-um-zu-fressen hinderlich ist, was den Betrieb-um-der-Betriebsamkeit-willen in Fragen stellt durch die aufsässige Frage: warum?, wird ausgemerzt. „Wenn nicht alles täuscht, leben wir augenblicklich in einer ausgesprochen matriarchalischen Epoche. Darauf läßt die einseitige Soziologisierung und Biologisierung unsrer Daseins schließen, die letzten Endes auf eine Enthumanisierung hinausläuft“, schrieb Nossack in ‚Orest‘. (‚Pseudoautobiographische Glossen‘, 25). Indem er die moralische und geistige Lähmung des Menschen unter solchen Bedingungen voraussieht, stellt er die Frage: ,,Ist heute im Zeitalter totaler Apparatur, mag sie ideologisch aufgeputzt sein, wie sie will, die Möglichkeit gegeben, den geschichtslosen Alltag der Masse durch Propaganda, falsche Informierung und Angst so zu verfälschen, daß alle natürlichen und menschlichen Instinkte gelähmt und Unmenschlichkeiten fatalistisch hingenommen werden?" Er gibt auch gleich die Antwort: ,,Alle, die den nationalsozialistischen Alltag bewußt erlebt haben und sich bemühten, ihn mehr oder weniger zu bestehen, werden die Frage mit einem unbedingten Ja beantworten." (82) Das Matriarchat ist geistfeindlich, weil geistige Beweglichkeit auf Veränderung aus ist. Der staatliche Kulturbetrieb gilt der Pflege des Bestehenden, nicht mehr Gefährlichen und ist oft nur ,,luxuriöse Spielerei und Freizeitgestaltung". Es sind gerade die ,,zackigen" Gesellschaftsformen, die das Matriarchat in schlimmster Weise repräsentieren: ,,Epochen, die sich kraftmeierisch und soldatisch geben, sind alles andere als männliche Zeiten, wie das meistens geglaubt wird, da die Schulbücher es uns so erzählen. Wann und wo auch immer die Welt sich von Uniform und Gleichschritt faszinieren läßt, kann man auf eine unterschwellige matriarchalische Tendenz schließen. Durch Uniformierung wird der Mann zum biologisch brauchbaren Männchen umgeformt." (141).

Das patriarchalische Prinzip neigt zu Wagnissen außerhalb des Üblichen, zur permanenten Revolution. Doch im Extrem wird dieses zentrifugale Prinzip nicht nur zum Ärgernis für das allzu Beständige, sondern zur Gefahr für den Fortbestand des Lebens überhaupt. Nossacks einseitige Angriffe auf das Matriarchat und dessen inhärente anti-evolutionäre Lethargie beruhen auf seiner Überzeugung, daß es beim offensichtlichen Fehlen patriarchalischer Impulse zu keinen menschlichen Fortschritten innerhalb der Gesellschaft kommen kann. Worauf es ihm ankam, war die Wiederherstellung des Gleichgewichts zwischen diesen beiden Prinzipien: ,,Das alles interessiert nur insofern, als der abgründige Kampf zwischen Patriarchat und

Matriarchat immer noch nicht entschieden ist und vielleicht niemals entschieden werden darf." (25).

Für Nossack ist es die Hauptaufgabe der Literatur, den Menschen als ein entwicklungsfähiges Wesen gegen die gleichmachende Tendenz des Matriarchats zu verteidigen: ,,Literatur ist deshalb revolutionär, weil sie immer für das Lebendige gegen das Institutionelle eintritt. Immer für die Gegenwart gegen die Vergangenheit. Immer für das Suchen nach Wahrheit gegen dogmatisierenden Besitz der Wahrheit, immer für die Frage gegen die gebrauchsfertige Antwort. Immer für den Menschen gegen seine Degradierung zum sozialen Quotienten." (,Die schwache Position der Literatur', 23). Die alten Kategorien links, rechts, sozialistisch oder kapitalistisch waren für ihn Gedankenleichen aus dem vorigen Jahrhundert, Kostüme aus der Mottenkiste der politischen Schaubühne einer Zeit, deren Bedingungen heute nicht mehr zutreffen, ,,wesensfremd" dem Leben und damit auch der Literatur, die nach dem Menschen sucht. Die totale Vernichtung, meinte er, drohe nicht nur durch die modernen Massenvernichtungssysteme, sondern sie habe ,,längst begonnen durch Gewöhnung, Funktionalisierung und tägliche Gehirnwäsche. Mit Neurosen und gelegentlichen Wut- und Verzweiflungsausbrüchen wird die Polizei der Apparatur leicht fertig werden." (24–5) Dem Funktionalismus einer modernen Industriegesellschaft, meinte der ehemalige Kommunist, sei durch Revolutionen nicht mehr beizukommen; grundsätzlich neue Bedingungen für den Menschen könnten auf diese altmodische Methode nicht mehr herbeigeführt werden; es komme höchstens zu einem Auswechseln der Uniformen und der ideologischen Gebetsmühlen. Da der Krieg gegen die übermächtige Besatzungsmacht des Institutionalismus nicht durch einen Frontalangriff gewonnen werden kann, bleibt dem Non-Konformisten nur die Rolle des Partisanen im besetzten Land, der Widerstand im Kleinen, der dem Feind den totalen Sieg auf unbegrenzte Zeit vorenthalten kann. Für die Literatur handelt es sich darum, sich an die verstreuten Einzelnen in der Welt zu wenden, um sie in ihrem Widerstand gegen geistige

Gleichschaltung solidarisch zu bestärken. Nossack stellt deshalb die naheliegende Frage: ,,Können wir bestehen vor dem einsamen Menschen irgendwo in der Welt?" (25).

II. Romane und längere Erzählungen

,Nekyia. Bericht eines Überlebenden'

Die ersten Seiten von ,Nekyia. Bericht eines Überlebenden' (Hamburg 1947; Frankfurt am Main 1961) entstanden schon 1943, ein paar Monate vor den schweren Luftangriffen auf Hamburg im Sommer des gleichen Jahres. Zusammenbruch des Herkömmlichen und Verstörtheit der Menschen hatte der Autor vorausempfunden; die mythisch erträumte Katastrophe war der konkreten ein paar Schritte voraus.

Schon die ersten Worte von ,Nekyia' vermitteln das Gefühl des Ausgeliefertseins: „Es regnete schon wieder. Oder noch immer. Ich hatte keine Macht darüber." (7) Die Überlebenden der Katastrophe liegen willenlos im Regen: „Sie lagen wie Lehmklumpen umher, einige wälzten sich seufzend auf die andere Seite." (7) Der Erzähler ist der einzige, der aufrecht steht. Er beschließt, allein in die Stadt zurückzugehen, aus der sie alle geflohen waren. Nach seiner Rückkehr von dort findet er die schlafenden Lehmklumpen immer noch so, wie er sie verlassen hatte. Er hat das Bedürfnis, die wichtigen Erlebnisse, die er während seiner Abwesenheit hatte, irgend jemandem mitzuteilen, doch die um ihn herumliegen sind nicht ansprechbar. Auch ein Selbstgespräch ist nicht mehr möglich, weil das alte Selbst in der Katastrophe umgekommen war: „Damals hatte ich einen Namen, mit dem ich nicht einig war. Doch das ist nun anders." (8) Der Zustand der schizoiden Persönlichkeitsspaltung zwischen soziologischem Rollenwesen und eigentlichem Ich ist vorüber. Eins mit sich selbst, kann er auch nicht mehr sein eigenes Gegenüber sein. Der Erzähler schafft sich einen neuen Gesprächspartner: „Ich spreche zu einem Wesen, von dem ich glaube, daß es einmal da sein wird [. . .] Manchmal steht die Gestalt dieses Wesens schon ganz deutlich vor mir, und ich nenne es: Du. Ja, ich will es mit Du anreden, dann wird es am sichtbarsten." (9) In der Vorstellung des Erzählers ist dies Wesen manchmal eine Frau, manchmal ein Freund – doch das ist unwichtig. Wichtig ist nur, daß der Erzähler die Gelegenheit bekommt, seine Erlebnisse durch das Erzählen konkret werden zu lassen: „Sprechen aber muß jemand davon. Es könnte sein, daß sich unter den Worten unversehens etwas zeigt, was nicht vergessen werden darf, und wenn es ausgesprochen wird, beginnt es zu leben." (22)

Das griechische Wort Nekyia bedeutet Totenopfer. Das hieß früher, daß den Toten ein Tier oder, besser noch, ein Mensch geopfert wurde, dessen Blut die Toten herbeizwingen und zum Wahrsagen verführen soll. Für den Erzähler von ‚Nekyia' ist es jedoch wichtig, selbst die Grenzen seiner Existenz zu durchbrechen und dadurch in die Vergangenheit und zu den Toten zu gelangen. So kommt es zur Aufhebung aller Grenzen zwischen Tod und Leben, Diesseits und Jenseits, zwischen Gestern, Heute und Morgen, zwischen Traum und Wirklichkeit. Deutlicher als in Nossacks anderen Werken werden hier Dinge, die dem normalen Bewußtsein als unvereinbar gelten, ganz unbekümmert und ohne Pathos zusammengeworfen. Nur einmal wird darauf hingewiesen, daß diese wie selbstverständliche Vermischung der Welten dem Leser Schwierigkeiten bereiten könnte: „Merkst du denn nicht, daß ich von der Spanne Leben spreche, die sich vom Tode bis zur Geburt erstreckt? Eine Spanne, von der wir wissen, daß sie sich über sehr viel weitere Räume erstreckt, und von der wir wohl nur deshalb zu schweigen pflegen, weil sie sich nicht durch Zahlen begrenzen läßt." (128–9) Die Erinnerung an diese Spanne Leben zwischen Tod und Geburt, sagt der Erzähler, gehe uns nur deshalb verloren, weil wir „gleich bei der Geburt kläglich nach Liebe und Tod" schreien und dadurch die Worte, die uns an den gerade verlassenen vorgeburtlichen Zustand erinnern wollen, vertreiben. (129) Als der Erzähler gegen Ende seines Aufenthalts im Totenreich seine Ur-Mutter aufsucht, bittet ihn diese, sein Wissen um das, was er nun doch wieder im Totenreich erlebt habe, auf die andere

Seite mitzunehmen: „Eins aber sage ich dir: Schreie nicht, wenn du dich morgen von mir trennst. Denke doch, es ist dein Wille und es ist auch richtig so. Versuche es doch, Kind, nur ein einziges Mal nicht zu schreien. Sonst vergißt du alles wieder." Und der Sohn antwortet: „Ich werde nicht schreien." (131) Die Geburt, die Grenzüberschreitung vom sogenannten Tod ins sogenannte Leben, wird mit leicht durchschaubaren Umschreibungen dargestellt; bis zu Hinweisen auf Geburtswehen und abreißende Nabelschnur: „Dreimal bin ich bis zur Tür gegangen und wieder zurück. Dreimal hatte ich schon den Türgriff in der Hand [. . .] Schließlich gelang es mir zwar die Tür zu öffnen, aber wegen der Zugluft wagte ich nicht, die Schwelle zu überschreiten. Immer wenn ich den Fuß darauf setzte, war es mir, als würde ich zerrissen. Es ist nicht zu sagen, wie weh es mir tat. Erst beim dritten Mal gelang es mir, über die Schwelle zu kommen. Und es zerriß auch etwas. O dieser Schmerz! Da hätte ich doch beinahe geschrien. Ich biß die Zähne zusammen. Ich rannte zum Flur und zum Hause und zur Stadt hinaus, bis ich wieder zu den Leuten kam, unter denen ich jetzt bin." Und er sagt noch einmal: „Ich habe nicht geschrien, deshalb weiß ich noch alles." (132)

Der Erzähler weist auch auf die qualitative Gleichheit von Wachen und Träumen, es sind ihm nur verschiedene Ebenen einer erweiterten Wirklichkeit: „Als ob ein Traum, den wir träumen, keine Wirklichkeit habe [. . .] Denn wenn ich morgens erwache und bin über das Erlebnis der Nacht ein anderer geworden, als ich am Abend zuvor war – ja, ich handle anders, als ich es wollte; lasse einen vereinbarten Plan ganz fallen oder komme mit Einwänden und veranlasse dadurch auch wieder die, die mit mir zu tun haben, sich anders zu mir zu stellen und anders zu handeln – wie soll ein Traum, der solche Wirkungen hat, keine Wirklichkeit haben?" (32–3) Gegen die pragmatische Logik dieser Argumentation läßt sich nichts sagen: was wirkt ist auch wirklich. Die Aufhebung der Grenzen beseitigt auch den herkömmlichen Zeitbegriff. Die lebendige Gegenwart wird ein allumfassender Begriff und beseitigt die einengende

Abstraktion von Gestern und Morgen: „Die Zeit ist zerbrochen. Wieso denn gestern? Und wieso denn vor tausend Jahren? Ich brauche mich ja nur hinzuwenden zu denen, die vor tausend Jahren lebten, [...] Was sollen also die Zahlen?" (35)

Einmal stellt sich der Erzähler die rhetorische Frage, ob er etwa tot sei, kommt aber gleich zu dem Schluß: „Nein, ich konnte nicht tot sein. Denn so einsam, wie ich war, konnte nur ein Lebender sein." (26) Schließlich geht er in ein Haus, in dessen Eßzimmer für zwölf Personen gedeckt ist. An der Wand hängt ein Bild, ein wahres Sinn-Bild für Nossacks Glauben an die Dauerhaftigkeit der Entwicklungsprozesse: „... keine Landschaft, sondern etwas, das eine Landschaft gewesen war oder erst eine werden wollte." (22) Beim Anblick des Bildes fällt dem Erzähler eine graue Perlenkette ein, die er zuvor in einer Auslage gesehen hatte und deren Perlen überraschenderweise in allen Farben schillerten. Die farbige Vielfalt auf grauem Grund ist ihm ein gutes Omen: „Manchmal will es mir scheinen, daß ich wegen dieser Farben in die Stadt zurückgekehrt war. Ich meine die Farben der Perlen und auf dem Bilde." (22–3)

In einem Spiegel des Hauses findet der Erzähler bestätigt, daß seine frühere Persönlichkeit in der Katastrophe verlorenging: Der Spiegel zeigt kein Spiegelbild. Der Mann fällt in Schlaf und tritt im Traum durch den Spiegel hindurch. Was an diesem Traum sogleich erstaunt, ist die realistische Darstellung des Traumgeschehens, während die bisherige Wirklichkeit, der Gang durch die Stadt, mythische Züge hatte. So wird hier deutlich, daß ein „Träumender" immer jemand ist, der auf die jeweilig andere Seite versetzt wird; ob im normalen Sinne „real" oder „irreal", hängt nur vom Ausgangspunkt ab. Dem Erzähler macht die Vielschichtigkeit seiner Erlebnisse Schwierigkeiten bei der Wiedergabe: „Ich gebe zu, das alles ist schwer auseinanderzuhalten. Mir selbst gelingt es keineswegs." (115) Jedenfalls trifft er erst im Traum auf Menschen. Er betritt das Eßzimmer des Hauses, in dem er vorher nur den gedeckten Tisch gesehen hatte, und wird nun von den Anwesenden als der lang Erwartete empfangen. Eine besondere Beziehung besteht zu einer Frau, deren Name ihm zwar nicht einfällt, von der er aber trotzdem weiß, daß ein Schicksal sie miteinander verbindet – ein Thema, das in Nossacks Werk immer wiederkehrt. Im Spiegel dieser Frau wird er der Zuschauer seines eigenen Schicksals, das ihn zur endgültigen Auseinandersetzung führt mit einem Mann, der sich als sein Freund bezeichnet und doch gleich als Feind erkannt wird. Dieser „Freund" ist der rationale Neinsager, der die Visionen und nicht erklärbaren Erlebnisse des Erzählers verspottet, mit einwandfreier Logik widerlegt und doch unrecht hat. Trotzdem machen seine Argumente den Erzähler immer wieder unsicher. „Ich schwieg dazu, weil ich immer fand, daß er recht habe. Oft dachte ich: Warum bin ich nicht wie er?" (64) Andrerseits weiß er aber auch, daß seines Freundes klare Rationalität der Unbegreiflichkeit kommender Katastrophen nicht würde widerstehen können. Und so kommt es dann auch: „Doch er ist umgekommen, und ich stehe hier. Ich habe es wohl immer gewußt, daß er umkommen würde. Deshalb liebte ich ihn, und er haßte mich." (65) Hinsichtlich dieses Freundes hat schon immer eine stillschweigende Übereinkunft zwischen dem Erzähler und dessen verstorbenem Vater bestanden: „Wir behandelten ihn wie einen Schlafwandelnden, den man nicht anrufen darf, wenn man ihn nicht zu Fall bringen will. Und er lebte ja auch wie in einer sehr zerbrechlichen gläsernen Hülle. Immer war alles hell und klar und ordentlich. Aber das Licht schien nicht außen, und daher glaubten alle, die innerhalb lebten, wenn sie an die Hülle stießen, daß es kein Außerhalb gäbe, und freuten sich, die Welt überblicken zu können." (66) Der Freund in ‚Nekyia' ist der Prototyp für ähnliche Figuren fast überall in Nossacks Werk. Man kann sie als „der Andere" zusammenfassen, und es wird sich zeigen, daß man es dabei mit einem Aspekt der Persönlichkeit Hans Erich Nossacks zu tun hat. Oder um das Verhältnis zwischen dem Erzähler und dem Freund in ‚Nekyia' und in den andern Werken von Nossack auf eine heutige Formel zu bringen: Es handelt sich um den Konflikt oder doch das Nebeneinander der beiden Gehirnhälften des Menschen, der linken und rechten Hemisphären, um Intellekt und Intuition.[7]

Bei Tisch entsteht eine Diskussion über zwei riesige Vögel, die suchend über die Stadt geflogen und wieder verschwunden sind. Die Zeitung hat versucht, die urweltlichen Vögel wegzuerklären, doch für den Erzähler steht fest, daß sie Vorboten einer Katastrophe sind. Für den sogenannten Freund, der auch bei Tisch anwesend ist, werden die Vögel zum Testfall für die Gültigkeit seines ausschließlich rational wissenschaftlichen Weltbilds. Mit „glasharter Stimme" stellt er fest, daß es nur zwei mögliche Erklärungen für das Phänomen gebe: „Entweder diese beiden lächerlichen Vögel waren wirklich da [. . .] das würde bedeuten, daß Dinge möglich sind, die unseres Wissens nicht möglich sein dürften. Mit andren Worten: Es würde sich dann nicht um Dinge handeln, über die wir lediglich jetzt noch nicht klar sehen [. . .] sondern um Unbekanntes, das überhaupt niemals zur Berechnung stand noch stehen wird." (60) In diesem Fall bliebe der Wissenschaft nichts als zuzugeben, „daß unser Wissen gleich Null und völlig unnütz ist. Oder aber: Diese Vögel waren gar nicht da, alle Menschen aber bilden sich ein, sie gesehen zu haben." (60) Die zweite Möglichkeit findet der Freund noch schlimmer als die erste, denn es würde bedeuten, daß sich die Menschen weder auf ihren Verstand noch auf ihre Wahrnehmungen verlassen könnten. Man hätte dann auch nicht mehr das Recht, meint der Freund, sich im bisherigen Sinne Menschen zu nennen. Die fanatische Wissenschaftlichkeit des Freundes entpuppt sich nun als pseudo-wissenschaftliche Ideologie: Das Unbekannte hat es nicht zu geben. Wer trotzdem davon spricht, ist verpflichtet, in seinem Innenleben nach undichten Stellen zu fahnden. Statt einer Erweiterung des Blickfelds wird Psychologie empfohlen: „Besser als dem Unbekannten nachzulaufen und es dadurch zu bestätigen, ist es, uns selber zu erforschen, was uns anzunehmen zwingt, daß es Unbekanntes gibt." (62) Wohin das im Extremfall führt, ist bekannt: Andersdenkende ins Irrenhaus. Schließlich steigert sich der erregte Freund in eine ,,Kriegserklärung" an den Erzähler hinein, zur Proklamation einer jedem vernünftigen Zweck entfremdeten Verhaltensforschung, die nichts mehr ist als stur heroische Neugier: Er will während der kommenden Sintflut sein eigenes Verhalten studieren, und nur aus diesem Grunde ist es sein Wille, ,,als letzter und einziger Mensch übrig zu bleiben. Ich bin bereit." (63) ,,Wir sahen uns an. Wie klar und durchsichtig waren seine Augen, ohne die kleinste warme Färbung oder eine dunkle Unsicherheit. Es blendete mich, und ich drang tiefer und tiefer in seinen Blick, um den Boden hinter so viel Deutlichkeit zu suchen. Lange befand ich mich wie im Leeren. Doch endlich stieß ich auf Eis. Er haßte mich." (63)

Den Tod des Freundes erlebt der Erzähler während der visionären Vertiefung seines Traums. Sie beide befinden sich in einem ausweglosen Erdtrichter. Der Freund verursacht einen Erdrutsch, der ihn verschüttet. Dadurch entsteht eine Öffnung, durch welche der Erzähler ins Freie kam. Mit diesem Vorgang zeigt Nossack deutlich, daß der Freund identisch ist mit dem ,,Namen, mit dem ich nicht einig war", und daß er das Wunder seines Überlebens der Tatsache verdankt, ,,so locker mit meinem Namen und meinem Bilde verbunden gewesen zu sein, daß sie mich nicht nachzuziehen vermochten, als sie zugrunde gingen". (28–9) Daß Erzähler und Freund Teilaspekt der gleichen Persönlichkeit sind, wird durch manche Textstelle angedeutet: ,,Ich sagte wohl schon, daß er meine Gedanken kannte und laut auszusprechen pflegte." (60) Aus diesem Grunde vermeidet es der Erzähler, gewisse Gedanken auch nur zu denken, um sie vor dem Zugriff des feindlichen Freundes zu schützen.

Durch den Verlust der intellekt-betonten Persönlichkeitskomponente fühlt sich der Erzähler verunsichert. Das Fehlen sicherer Bezüge zur Umwelt beschreibt Nossack auf geradezu expressionistische Weise: ,,Es mag sein, daß ich mich dort in der Grube hinwarf und mit den Händen im weichen Erdreich wühlte, um meinen Freund auszugraben. Und daß mir die Tränen der Angst dabei aus den geschlossenen [Traumsituation!]

Augen tropften. Und daß dieser Boden, auf dem ich ehemals aufrecht stehend meine Größe zu messen gewohnt war, unaufhaltsam unter mir wich. Ja, ich fiel wohl ins Zeitlose." (110) Mit dem Freund ist jedoch auch die persönliche Vergangenheit verschwunden. „Ich suchte nach etwas Bekanntem, dem ich mich zugesellen konnte, und hoffte zugleich, es nicht zu finden." (110) Auch das Graben nach dem verschütteten Freund, dem Gewährsmann für meßbare Sicherheiten, ist nur eine Reflexhandlung gewesen.

Die Beschreibung des Sturzes ins Zeitlose hat groteske Züge: „Die Erde war nur ein Nebelfleck, durch den ich hindurchfiel. Rascher sank ich. Die Jahrtausende stoben wie Wolkenfetzen an mir vorbei. Immer rascher. Ich wollte schreien, ja." (110–11) Zu diesem Schrei kommt es nicht aus Luftmangel. Aus einer Ohnmacht erwachend bleibt dem Erzähler nur die Feststellung: „Ich bin verloren." (111) Man ist versucht, dem „Ich bin verloren" hinzuzufügen: Aber ich bin. Denn um den Fortbestand des bewußten Seins geht es letzten Endes nach des Erzählers eigener Aussage; beim Betrachten von „Wolken von kosmischem Staub, Sternhaufen und Sonnensystemen" erscheint ihm der Prozeß der bewußten Individuation geradezu als kosmisches Gesetz: „Hier und da sind dichtere Punkte und Zusammenballungen, die sich einzeln machen wollen, um für eine Sekunde in dem Bewußtsein zu erblühen: Ich bin." (10)

Seit sich der Erzähler außerhalb von Raum und Zeit befindet, ist es ihm auch möglich, sich mit Gestorbenen und Ungeborenen zu befassen, viele Leben zu leben und „durchs Fenster hinaus und zurück" (52) weite Strecken zurückzulegen. In seinem Zimmer ist ein dauerndes Kommen und Gehen, manche der Besucher sprechen mit ihm, andere gehen nur hindurch. Interessanterweise ist den Geistern nicht daran gelegen, spiritistische Banalitäten von sich zu geben: „im Gegenteil, sie wünschten etwas von mir zu erfahren". (52) Manchmal drängen sich viele dieser Wesen herbei, es sieht aus wie ein „wogendes Ährenfeld", das sich über den Horizont hinaus erstreckt. Wenn einer ihrer Abgesandten mit dem Erzähler spricht, hören besonders die Ungeborenen zu: ,,Doch mit welch einer kindlichen Aufmerksamkeit hörten sie zu, gleichsam, als hinge alles für sie davon ab. Und bei manchen Sätzen erröteten sie vor Freude, das ganze Zimmer lag dann in einem rosigen Schimmer [. . .] Das waren solche, die noch keine Spur in einem Herzen hinterlassen hatten, weil sie sich noch nicht zum Dasein entschließen konnten. Vorläufig warteten sie noch und lauschten und hofften." (53) Die Ungeborenen wüßten offenbar gern, wie es um die Menschenwelt steht und ob es sich noch lohnt, geboren zu werden.

Die Erscheinung, die den Erzähler am meisten berührt, ist die des Vaters. Das ist nicht der leibliche Vater, sondern eine Art geistiges Vatermodell. Nossack dachte dabei an den Bildhauer und Schriftsteller Ernst Barlach. In einem Vortrag beschrieb er sein Verhältnis zu ihm als das ,,Bekenntnis eines Sohnes zum Vater" und fügte hinzu, daß seine eigene Entwicklung ohne Barlachs Vorbild nicht möglich gewesen wäre: ,,Auf mich jedenfalls hat Barlach so gewirkt, als Richtung und Verpflichtung, und kein kunstkritischer Einwand und keine Modeschwankung vermag etwas daran zu ändern." (,Pseudoautobiographische Glossen', 44) Barlachs Beispiel verpflichtete ihn zur Einhaltung seiner eigenen Richtung.

Die Erscheinung des vorbildhaften Vaters ist dem Erzähler so wirklich, daß er einmal den Fehler macht, seine Gegenwart dem kritischen Freund gegenüber zu erwähnen. Dessen Reaktion überzeugt ihn jedoch, daß es in Zukunft besser sei, über solche Dinge zu schweigen: ,,Wieso? Der Mann ist tot! [. . .] Er ist dann und dann gestorben. Das ist jederzeit beweisbar." (65) Nur in bezug auf seine Mutter hat der Erzähler dazu tendiert, mit dem Freund übereinzustimmen, der Frauen höchstens als Gegenstand körperlicher Wünsche gelten läßt und den Begriff Mutter kategorisch ablehnt: ,,In dieser Hinsicht glich ich meinem Freunde. Ich tat so, als gäbe es keine Mutter." (67) Auch hier ist nicht die leibliche Mutter gemeint, sondern das weibliche Prinzip. Gegen Ende von ,Nekyia' wird die Konfrontation mit dem Phänomen Mutter zum Hauptthema der Handlung.

Bei allem, was Nossack dem Leser an Ungewöhnlichem zumutet, ist es nicht erstaunlich, daß seine Vorliebe für Märchen vor allem dort spürbar wird, wo sich der Inhalt von der Ebene normaler Wahrscheinlichkeiten entfernt. Im Märchen läßt sich vieles aussprechen, was in normaler Prosa nicht ohne weiteres so gesagt werden könnte. Märchenfiguren und Märchenhandlung repräsentieren moralische Kategorien und Vorgänge; es handelt sich nicht um Personen. Auch die Mutter, die der Erzähler nun vorfindet, ist eine Allegorie für das weibliche Prinzip und keine „Frau". Zuerst erblickt der Sohn ein altes, graues, blickloses Mütterchen, das sich aber in eine junge blühende Frau verwandelt, sobald er sie Mutter nennt; ein Wort übrigens, das er hier zum erstenmal in seinem Leben ausspricht. Die verjüngte Mutter wäre zweifellos die Geliebte des Sohnes geworden, wenn es sich hier nicht, wie schon vorher erwähnt, um die „Spanne Leben zwischen Tod und Geburt" handelte. Statt dessen berichtet der Sohn seiner Mutter vom Untergang der Welt, die nur zugrunde ging, weil er selbst, wie er nun erkennt, keinen rechten Teil daran hatte. „Die Leute werden anklagend mit dem Finger auf mich zeigen. Und den Namen, den sie bisher nur heimlich flüsterten [. . .] nun werden sie ihn laut rufen: Da steht er, der Tod!" (130) Als der verschüttete Freund noch Teil seiner Persönlichkeit war, war sein Leben geistig todbringend für seine Umwelt. Da er nun ein anderer geworden ist, will er den Namen Tod verständlicherweise loswerden. Er bittet die Mutter, ihn davon zu befreien. Die befreiende Beruhigung erfährt er während seines Aufenthalts bei der Mutter in pastoral-märchenhafter Landschaft. Am siebten Tag – auch dies ganz märchenhaft – beschließt er, wieder fortzugehen. Es ist an dieser Stelle, daß die Mutter ihre Ermahnung ausspricht, doch diesmal bei der bevorstehenden (Wieder-)Geburt nicht zu schreien, um nicht wieder den Zusammenhang zu verlieren. Bevor er geht, erzählt sie ihm die Geschichte der Familie, eine Art Wiedergabe des Trojanischen Krieges, nicht als homerisch-hymnischen Heldengesang, sondern ganz nüchtern vom Standpunkt der zurückgelassenen Frau und Mutter, die mit wachsender Verzweiflung erleben muß, wie Menschenleben und Wohlstand dem unsinnigen Treiben kriegs-verspielter Männer zum Opfer fallen. Homers Agamemnon, Klytämnestra, Elektra, Orest, Iphigenie und Aegist werden zwar nicht genannt, doch handelt es sich offensichtlich um eine ihrer möglichen Geschichten, die Geschichte einer Familie mit den einander widersprechenden Tendenzen des Patriarchats und des Matriarchats, so wie Nossack diese auslegte. Allerdings wird der griechisch-antike Familienkonflikt gegen einen dunklen, nordisch-mythischen Hintergrund ausgetragen, und die Figuren der Erzählung, die die Mutter dem Sohn vor seinem Fortgehen vermittelt, sind barlachscher und nicht homerischer Provenienz.

Am Ende der Erzählung löst sich die angespannte Seelenstimmung; das farbenfrohe Versprechen der grauen Perlenkette und des Bildes scheint sich zu bewahrheiten: „Zu den Leuten, die um mich herumliegen, werde ich sagen: geht dort hinaus und sucht einen Fluß. Da wascht euch, daß ihr euch erkennt. – Denn wenn sie erst ihre Gesichter wieder sehen, werden sie einander auch Namen geben. Und wenn die Namen erschallen, wird die Erde davon erwachen und denken: Nun muß ich Blumen und Bäume wachsen lassen." (152) Und wichtig ist der Zusatz: „Man muß den Frauen danken; denn sie retteten uns, als wir unsrer überdrüssig waren und uns vernichten wollten." (152) Das Gleichgewicht zwischen patriarchalischem und matriarchalischem Impuls ist wieder hergestellt, was aber nicht heißt, daß nun etwa ein goldenes Zeitalter angebrochen wäre. Unter den noch schlafenden Menschen hat der Erzähler einen entdeckt, dessen Gesicht ihm unheimlich ist. Es mag sein, daß er eines Tages neues Unglück bringt. Doch dann sagt sich der Erzähler, es sei wohl besser, an „die andere Möglichkeit" dieses Menschen zu glauben, daß es vielleicht gerade er sein wird, der, wenn es an der Zeit ist, anläßlich der Geburt eines Kindes „in die Kniee bricht und aufruft: Seht doch, wir haben eine Vergangenheit!" (153) Was sich unter einem solchen Aspekt dem Erzähler darbietet, ist die sehnsüchtige Vision eines paradiesischen Zustands: „Dann wird es sein, als wiche die Dämmerung von allen Dingen. Hinter mir wird man die Stadt wieder sehen und wird den Lobgesang jener hören, die vor uns waren und die immer um uns sind, wenn wir sie wahrzunehmen wissen." (153) Dieser glückliche Zustand liegt allerdings noch in großer Ferne: „Ach, lange noch werden wir wachen und schweigen müssen, bis wir uns das verdienen." (154)

Wir haben dieser verhältnismäßig kurzen Erzählung so viel Platz eingeräumt, weil darin die ganze Nossacksche Thematik zum Ausdruck kommt. Gewiß, die Verflechtung physischer und geistiger Dinge scheint manchmal unentwirrbar, die Kompliziertheit des Darzustellenden machte ja auch dem Erzähler Schwierigkeiten, und manches bleibt unklar. Doch die vielen Themen, die in ‚Nekyia' behandelt oder angedeutet werden, kommen in Nossacks Romanen, Erzählungen und Essays immer wieder zur Sprache. Das ist keine Wiederholung des ewig Gleichen, sondern es sind Präzisierungen ausgewählter Aspekte in anderer Form. ‚Nekyia' enthüllt uns die Größe und Tiefe der eigentlichen Motivation Hans Erich Nossacks: Der Glaube an die Möglichkeiten des Menschen. Trotz allem.

‚Der Untergang'

Die nur fünfundfünfzig Seiten lange Erzählung ‚Der Untergang' (in ‚Interview mit dem Tode') wurde noch im Jahre 1943, bald nach der Vernichtung Hamburgs, geschrieben, die dem Autor, wie er an den befreundeten Schriftsteller Hermann Kasack schrieb, nach seiner Beschäftigung wie ein „scheußliches Plagiat" erschien (in ‚Dieser Andere', Frankfurt 1976, S. 89). Bei seiner Darstellung der Hamburger Katastrophe kam es ihm nicht auf eine genaue Beschreibung und auf Statistiken an, sondern nur darauf, die Verbindung herzustellen zwischen seinem inneren ‚Nekyia'-Erlebnis und der äußeren Tatsache des Untergangs seiner Stadt.

Das ist ihm auf eindrucksvolle Weise gelungen. So wie in

‚Nekyia' trotz der mythischen Entrücktheit des Inhalts eine realistische Erzählweise vorherrschte, so erhalten die konkreten Erlebnisse bei der Zerstörung in der Außenwelt eine mythische Dimension. In einem Brief an Hermann Kasack schrieb er: „Ich habe die Kühnheit, mich und meine Eindrücke als typisch zu nehmen, nur daß ich vielleicht empfindlichere Ohren habe als die Andren und vor allem den Willen zur Bewußtheit. Und nicht nur das, ich kann nicht anders, als den Untergang der Stadt in engem und bedingtem Zusammenhang mit meinem eigenen Schicksal zu sehen; und wiederum glaube ich, daß die Meisten so denken, ohne es zu wissen oder den Mut zu haben, es einzugestehen." (‚Dieser Andere', 10) Bekenntnis, Hohlspiegel, Wille zur Bewußtheit: Vokabeln der Selbstprüfung. Obwohl Nossacks Werk als Ganzes der Auseinandersetzung mit sich selbst dient, ist diese Selbstprüfung im ‚Untergang' am direktesten und unverstellt gegeben. Hier wird nicht von einem „Erzähler" oder „Berichterstatter" gesprochen, sondern ganz einfach vom „Ich" des Autors. Auch seine Frau, Gabriele Nossack, wird mit ihrem häuslich-familiären Namen „Misi" genannt.

Zur Zeit der schweren Luftangriffe auf Hamburg waren die Nossacks gerade in der Lüneburger Heide bei Maschen. Nur wenige Kilometer von der Großstadt entfernt, fühlten sie sich von der Zeitlosigkeit dieser Landschaft aufgenommen und begannen den Krieg zu vergessen. Die Beschreibung der Heide hat märchenhafte Züge, ja, es wird ihnen wieder bewußt, „daß wir einem Märchen entstammen und wieder ein Märchen werden". (204) Doch das Idyll dauerte nicht lange. Eines Nachts wurden Nossacks durch das Motorengeräusch der achtzehnhundert Flugzeuge geweckt, die Hamburg mit ihrer Bombenlast anflogen: „Wir hatten schon zweihundert und auch mehr Angriffe erlebt, darunter sehr schwere, aber dies war etwas völlig Neues. Und doch wußte man gleich: es war das, worauf jeder gewartet hatte, das wie ein Schatten seit Monaten über all unserm Tun lag und uns müde machte, es war das Ende." (206) Das Neue lag im Ausmaß der Zerstörungsplanung. Offensichtlich hatten sich die Alliierten, dem nazistischen Beispiel folgend, nun auch entschlossen, die hemmungslose Massenvernichtung für vertretbar anzusehen. Der institutionalisierte Nihilismus hatte die letzten Deiche durchbrochen und wurde ein Naturereignis mit metaphysischem Hintergrund: ein Sich-Auswüten des angestauten Bösen. Die Frage nach der Nationalität der Opfer oder der Bombermannschaften wurde uninteressant, denn: „Eine viel tiefere Einsicht in die Dinge verbot uns, an einen Feind zu denken, der dies alles verursacht haben sollte; auch er war uns höchstens ein Werkzeug unerkennbarer Mächte, die uns zu vernichten wünschten." (229) Die tiefere Einsicht beinhaltet bei Nossack das Wissen um die eigene Mitschuld. Während er, das Bombardement Hamburgs panoramisch vor Augen, „irgendwo im Nichts" auf und ab geht, stellt er sich selbst vor die Anklagebank des Gewissens. Er befindet, daß er, zwar aus verständlicher existentieller Frustration und aus Haß auf das Nazi-Regime, die Katastrophe herbeigewünscht hat: „Ich habe bei allen früheren Angriffen den eindeutigen Wunsch gehabt: Möge es recht schlimm werden!" (210) Anstatt in den Keller zu gehen, bleibt er während der Angriffe auf dem Balkon stehen, um bei der ersehnten Vernichtung auch ganz dabei zu sein – man erinnert sich an den Freund des Erzählers in ‚Nekyia', der ja auch bis zu seiner eigenen Vernichtung dabei sein wollte. Nossack erkennt nun aber beim Anblick des Ungeheuerlichen, das sich auf der andern Seite der Elbe abspielt, daß man sich mit solchen Wünschen am Leben versündigt: „Wie aber, wenn die Erde spräche: Ich habe euch geboren, weil ich mich sehnte, mehr zu sein als Erde. Wo ist nun eure Tat?" (210) In ‚Nekyia' war es nur die mangelnde Teilnahme am Leben, durch welche der Erzähler an der Katastrophe mitschuldig wurde. Im ‚Untergang' ist diese Mitschuld gesteigert durch den lebensfeindlichen Haß derer, die sich, aus welchen Gründen auch immer, „im Chaos beheimatet" fühlen.

Nach dem Erlebnis der äußeren Vernichtung bewirkt die Einsicht in diese Zusammenhänge eine Befreiung: „Aber nun war der Haß außer mir, und ich war frei davon. Ich wankte am

Ufer der zerstörten Welt auf und ab, und es stöhnte durch mich hindurch: Ach Gott? Ach Gott!" (211) In einem Brief an Hermann Kasack schrieb er über den ,Untergang': ,,Nehmen Sie es als den leidenschaftlichen Versuch eines Menschen, der die schweren Zeitereignisse dazu benutzen will, sich selber von Schlacken zu reinigen. In dieser Tatsache, daß es ein Mensch trotz unseres unmöglichen Daseins versucht, liegt vielleicht auch für Sie etwas Positives." (,Dieser Andere', 15) Mit der Niederschrift war auch dieses Kapitel seiner lebenslangen Auseinandersetzung mit sich selbst erledigt.

Nossack war beeindruckt vom Gesichtsausdruck der Menschen, die aus dem Hamburger Inferno in die Lüneburger Heide flohen. Der plötzliche Wegfall der Fassadenrealität hatte die Menschen, wenigstens eine Zeitlang, zu sich selbst gebracht: ,,Aber das Antlitz des Menschen damals, wer dürfte es je vergessen. Die Augen waren größer geworden und durchsichtig, wie sie es auf Ikonen sind. Das kalte, geizig trennende Fensterglas war zersprungen, und durch die weiten Öffnungen wehte ungehemmt die Unendlichkeit hinter dem Menschen ins Unendliche vor ihm und heiligte sein Antlitz zum Durchgang für Ewiges. Laßt uns dieses Antlitz, ehe alles zur gesichtslosen Masse wird, als Sternbild an den Himmel werfen zur Erinnerung an unsere letzte Möglichkeit." (224–5) Dieser vergeistigte Zustand konnte in der rauhen Welt nicht von Dauer sein. Trotzdem blieb manchen Menschen ein Gefühl der Gegenwärtigkeit, das ihnen vorher vielleicht fremd gewesen war, als die abstrakten Kategorien von Vergangenheit und Zukunft das Heute zu ersticken drohten: ,,Wir sind gegenwärtig geworden. Wir haben uns aus der Zeit gelöst. Sie wacht noch über uns, sie befiehlt uns zu arbeiten und ruft uns zum Mittagessen. Manchmal überhören wir ihren Ruf, weil wir reich wurden über einen Gegenstand, den wir früher nicht erkannten, und dann schilt sie uns aus: Wie seid ihr verträumt. Aber die Strafe trifft nicht unser Wesen. Liebe, arme Zeit, warum bist du so aufgeregt. Wir wollen gern alles tun, was du willst, wenn es dir Freude macht . . ." (253–4)

Während der Rückkehr nach Hamburg auf einem offenen Lastwagen stehend überkommt den Autor das Gefühl der Befreiung: ,,In rascher Fahrt ging es durch dies Land des Friedens auf die tote Stadt zu. Da überkam mich, ich weiß nicht woher, ein so echtes und zwingendes Glücksgefühl, daß es mich Mühe kostete, nicht jubelnd auszurufen: Nun beginnt endlich das wirkliche Leben. Als ob eine Gefängnistür vor mir aufgesprungen wäre und die klare Luft der längstgeahnten Freiheit schlüge mir entgegen." (231) Vorerst aber kommt die Ernüchterung. Noch nicht alle Menschen haben den ,,Absprung ins Nichts" vollziehen müssen; ein Abgrund trennt sie von denen, die es schon hinter sich haben: ,,So geschah es, daß Menschen, die in demselben Hause zusammenlebten und am gleichen Tische beieinander saßen, die Luft ganz verschiedener Welten atmeten. Sie versuchten sich die Hand zu geben und griffen vorbei. Wer war nun blind von ihnen? Sie redeten dieselbe Sprache, aber sie meinten mit ihren Worten ganz andere Wirklichkeiten." (218) Als Nossacks auf der Suche nach ihrer Hausruine das Hamburger Trümmerfeld durchqueren, kommen sie an einem einzelnen verschonten Haus vorbei. Die Frau putzt die Fenster: ,,Wir stießen uns an, wir blieben wie gebannt stehen, wir glaubten, eine Verrückte zu sehen." (220) Die Wirklichkeit derjenigen, deren innere Heimatlosigkeit auch bei Erstellung einer neuen Wohnung bestehen bleibt und deren Gegenwart das Selbstverständnis der andern Menschen stört, beschreibt Nossack ,,im Zwielicht als Märchen": ,,Es war einmal ein Mensch, den hatte keine Mutter geboren. Eine Faust stieß ihn nackt in die Welt hinein, und eine Stimme rief: Sieh zu, wie du weiterkommst. Da öffnete er die Augen und wußte nichts anzufangen mit dem, was ihn umgab. Und er wagte nicht, hinter sich zu blicken, denn hinter ihm war nichts als Feuer." (219)

,Klonz'

In den letzten Kriegsjahren und vor allem in den ersten Nachkriegsjahren trieb die äußere Not und nackte Profitgier viele

Menschen dazu, den normalen Anstand abzulegen und sich als brutale Kampf-ums-Dasein-Maschinen durchzukämpfen. Ein solcher unmenschlich gewordener Mensch ist auch ein Biedermann namens ‚Klonz‘ (in: ‚Interview mit dem Tode‘). Chronologisch und thematisch gehört diese Erzählung zu ‚Der Untergang‘. Sie ist ein erschütterndes Dokument der schweren Zeit und des verzweifelten Versuchs eines Menschen, sie menschlich zu bestehen.

An dieser Stelle ist es angebracht, die schwierigen Lebensumstände zu schildern, unter welchen nicht nur ‚Klonz‘, sondern auch ‚Nekyia‘ und ‚Der Untergang‘ entstanden sind. Der Prozeß der Selbstprüfung durch Schreiben war ja für Nossack das Einzige, wofür es sich überhaupt noch lohnte, mit dem Leben durchzuhalten und der Versuchung des „Schluß-Machens“ zu widerstehen. Während des Naziregimes, also bis 1945, mußte er ja schon die Tatsache seines Schreibens geheimhalten und die Manuskripte verstecken. Die tägliche Arbeit als Geschäftsführer der Importfirma Nossack im Hamburger Freihafen war aufreibend genug und wurde immer schwerer zu bewältigen. Bei der endgültigen Zerstörung Hamburgs im Jahre 1943 verloren Nossacks ihre Wohnung und, für den heimlichen – er schrieb fast nur nachts – Schriftsteller noch schlimmer: fast sämtliche Manuskripte verbrannten in der Wohnung oder verglühten im Geldschrank der Firma. Dabei gingen auch – der schwerste Schlag – die Tagebücher verloren. Die Firma war nicht vollständig zerstört, notdürftig wurde repariert und weitergearbeitet. Nossacks lebten nun in bedrückenden Wohnverhältnissen als Zwangseinquartierte bei glücklicheren „Volksgenossen“, die den unwillkommenen Eindringlingen das Leben schwer machten. Es gab Geschrei, wenn der Schriftsteller es wagte, seinen kleinen Anteil an den rationierten Kilowatt durch den Gebrauch einer Vierzig-Watt-Birne zu beanspruchen. Und Hunger und Kälte der ersten Nachkriegsjahre waren noch schwerer zu ertragen, während Kaffeegerüche und Kochdünste vom Wohlergehen der schwarzhändlerischen Vermieter kündeten. An Hermann Kasack schrieb Nossack im Mai 1946: „Eine Unterkunft haben wir auch immer noch nicht gefunden, obwohl wir Himmel und Hölle in Bewegung setzten und unser Letztes dafür hergeben würden. In dieser Wohnung geht meine Frau zu Grunde, sie wird geschlagen, daß ihr das Blut über die Stirn läuft! Die Mitbewohner sind so ausgefressen. Wenn ich die abgemagerten Kinderärmchen meiner Frau sehe, möchte mich die Verzweiflung über den ungnädigen Himmel oder meine Untüchtigkeit packen. Obendrein sitzt uns die Beschlagnahmekommission Tag und Nacht auf dem Halse. Wie soll man dabei Dichter bleiben?" (‚Dieser Andere', 77) Und im gleichen Brief heißt es: „Wir sind in der vierten Woche der Kartenperiode, kein Brot mehr und nichts. Noch drei Tage müssen wir aushalten. Die ganze Stadt taumelt in dieser Woche eigentlich nur, außer den paar Schiebern." (‚Dieser Andere', 77)

Man mag einwenden, daß es den meisten damals nicht besser gegangen sei. Gewiß. Doch wer hat unter solchen Bedingungen Werke geschrieben wie ‚Nekyia', ‚Der Untergang' und eben auch ‚Klonz'?

Klonz hieß schon die Hauptfigur des Schauspiels ‚Die Haupt-Probe', das Nossack 1933 geschrieben hatte und dessen einzige Aufführung im Jahre 1953 in Wiesbaden mit einem Theaterskandal endete. Der Klonz-Typ war dem Autor schon eine bekannte Größe, als er die Erzählung dieses Namens schrieb. Dem Leser wird er deshalb vorgestellt als ein Geschöpf, das sich verselbständigt hat und nun seinen Schöpfer mit unheimlicher Vitalität bedrängt und verunsichert: „Wer hungert, ist dumm", oder: „Wer nicht mit brillantengeschmückten Damen tanzt, ist untüchtig." (174) Für den heimgesuchten Autor bedeutet Klonz, wie er mit verzweifelter Drastik ausdrückt, „unsern Kot", der sich gegen uns erhebt und behauptet: „Ich bin das Ewige und du bist nur die Hülse, die nicht mehr gebraucht wird." (180) Doch Klonz verursacht nicht nur Abscheu sondern auch Schuldgefühle; denn der Autor hat zu Hause eine kranke Geliebte liegen, die möglicherweise nur deshalb nicht gesund wird, weil er es nicht fertigbringt, sie anständig zu ernähren: ,,Ich sitze betrübt und hilflos am Bettrand. Flüchtig denke ich an Klonz. Vielleicht, wenn ich so tüchtig wie er wäre, hätte meine Geliebte keine Lungenentzündung bekommen.“ (197) Doch der Gedanke ist müßig; der Autor kann nicht über den eigenen Schatten springen: ,,Sollten wir alles, was jemals als schön und anständig galt, als Ballast von uns werfen und uns nur auf diesen Lebensfunken in uns verlassen, der nicht verlöschen will? Dann werden wir wie Klonz, und ich bleibe dabei: Es lohnt nicht.“ (172)

Schon oft hat sich der Autor in dieser Zeit, an seinem Schreibtisch wie an einem Altar verharrend, dem Einbrechen des Nichts in die Menschenwelt entgegengestemmt. Aber die Tatsache, daß es trotz aller Vernichtung immer noch einen Klonz gibt und anscheinend immer geben wird, raubt ihm fast den letzten Mut zum Widerstand: ,,Aber es gibt etwas Schlimmeres als das Nichts. Das ist, daß die Karikatur des Menschen dies Nichts mit Betriebsamkeit erfüllt; daß sich ein gefräßiges Zerrbild aufbläht und alles Echte erstickt; daß der Spießbürger ewiger ist als der Mensch. Wie soll man das ertragen?“ (193)

Der Erzähler spricht von einer Trennungslinie, die durch alle Dinge hindurchgeht: ,,Heute mittag, ich weiß nicht aus welchem Grunde, bemerkte ich, daß ich genau auf der Linie ging, die das Tatsächliche von dem scheidet, was als nicht tatsächlich gilt.“ (180) Und nach einem ironischen Hinweis auf seine mangelhafte Bildung fährt er fort: ,,Als Tatsache darf man aber wohl verstehen, was vor Gericht und unter Kaufleuten Gewicht hat, kurz, alles, was in unserer gesellschaftlichen Ordnung irgendwie mitzählt.“ (180) Um der Gefahr vorzubeugen, daß jemand Nossack einer fernöstlichen Wirklichkeitsvertauschung verdächtigt, sei hier daran erinnert, daß der Kaufmann Nossack, der er damals ja immer noch vollberuflich war, die Wirklichkeit der Dinge, die unter Kaufleuten und vor Gericht Gewicht haben, nicht anzweifelt. Nur beansprucht er für die Welt auf der anderen Seite der Trennungslinie, für all das, ,,was als nicht tatsächlich gilt“, eine Erweiterung des Wirklichkeitsbegriffs. Der Erzähler empfindet es als wohltuend, wie sehr sich die „Stille und Weite" der anderen Wirklichkeit unterscheidet von dem Geschrei und Konkurrenzgeschiebe einer Welt, die nur sich selbst als normal und real empfindet. Die Stille auf der anderen Wirklichkeitsseite rührt nicht etwa daher, daß dort „Stummheit herrscht, sondern weil die Stimmen echt sind und sich nebeneinander dulden." (182)

Einerseits haben Andersdenkende die „schleimige Grausamkeit eines Biedermannes" wie Klonz zu fürchten, andrerseits hat sein Haß aber auch einen ermutigenden Aspekt: „Und doch überraschte mich dieser Haß, der aus Klonz hervorbrach, und überrascht mich immer wieder, wenn ich ihn bemerke. Woher kommt es, daß sie uns, wie ihr Haß beweist, für überlegen halten, die wir dem Leben gegenüber weniger sicher sind als sie? Sie müssen etwas von uns wissen, dessen wir uns selbst nicht bewußt sind." (192)

Der Autor fragt sich, ob er diesen Klonz, der ja eine von ihm selbst geschaffene Gestalt ist, nicht lieber vom Schlag treffen lassen soll. Er stellt sich vor, wie er den Kranken dann besuchen würde, und die Beschreibung der Szene zeigt eine Mischung aus Spott und Abscheu, deren sarkastische Eloquenz man dem Autor von ‚Nekyia' vielleicht nicht zugetraut hätte: „Ich setze mich an den Rand seines Bettes. Seine Hand liegt knochenlos auf der Decke, sein Gesicht fließt breiig auseinander, und darin schwimmen unruhig die Augen und suchen nach einem festen Punkt, auf den sie sich richten können. Es wird ihm schwer zu sprechen, da die eine Seite gelähmt ist, doch nach vielen vergeblichen Versuchen gelingt es ihm endlich zu sagen, und man hat Mühe, ihn zu verstehen: ‚Wie hab ich das nur verdient? Ich bin doch immer gut zu den Menschen gewesen'." (194–5) Nossacks Aggression gegen seinen Klonz ist ein Akt der inneren Notwehr gegen den Widersacher, der ihn, im Verein mit der äußeren Not, korrumpieren will. Doch auch nach diesem gelungenen Gegenangriff, der Klonz erledigt hat, versagt sich der Erzähler das Gefühl des Triumphs: „Die Rechnung stimmt ja schon gar nicht mehr. Klonz hat gar nicht betrügen wollen; aber es waren welche da, die sich betrügen ließen, und so kam es, ohne daß er es wollte. Man geht betrübt nach Haus. Die Schuld bleibt bei uns." (195) Klonz ist schuldlos, weil bei ihm nicht einmal ein Minimum an menschlicher Kompetenz vorhanden ist. „Unfähig zur Schuld" heißt bei Nossack das vernichtendste Urteil, das sich über einen Menschen überhaupt aussprechen läßt.

Das große Vernichtungsfeuer in ‚Der Untergang' hatte sich in manchen poetischen oder visionär sozusagen glühenden Sätzen der Erzählung widergespiegelt. In ‚Klonz' ist das Feuer gelöscht, die Ruinen sind erkaltet, das banale Elend bestimmt die Sicht: „Die Häuserwände sind zusammengestürzt, die Maskenkostüme sind zerschlissen, und die großen Worte haben keinen Klang mehr." (179) Der Autor wendet sich an spätere Generationen: „Nimm du, der du dich nach uns umblickst, die seltsamen Philosophien, die wir verkünden, für nicht mehr als ein Zeichen, daß es uns an einem echten Hause fehlt ... Und wenn du uns Gott rufen hörst, traue uns nicht." (179) Der Ruf nach Gott ist konditionierte Reflexhandlung, politisches Kalkül, und bei einigen sogar echt. Besser aber ist es, seinen Namen nicht im Munde zu führen: „Die ihn aber verschweigen, wissen mehr über Gott, als die, die seinen Namen im Munde führen. Sie wollen ihn nicht zu einem Beruf erniedrigen, der ihm nicht liegt. Sie schämen sich, ihm kein besseres Dasein bieten zu können. Sie haben Mitleid mit ihm." (179) Es handelt sich also keinesfalls um einen Gott, der den Menschen etwas schuldet, sondern im Gegenteil, die Menschen schulden Gott eine Welt, die seiner würdig ist. Für den Autor jedenfalls gibt es in der verwüsteten Welt keine Geländer kirchlichen Glaubens: „Geben wir doch zu, daß wir haarscharf am Abgrund entlangtaumeln." (198)

Bei dem Bild einer Welt ohne Sicherheiten ist es nicht erstaunlich, daß man Nossack in französischen existentialistischen Kreisen als deutschen Gesinnungsgenossen verstand. Jean Paul Sartre, der französische Existentialist *par excellence,* war „Nossacks Vermittler" in Frankreich.[8] Daniel-Henry Kahnweiler, der mit Sartre gemeinsam die Zeitschrift *Temps Modernes* herausgab und darin den ‚Untergang' in Übersetzung abdruckte, war von dem Band ‚Interview mit dem Tode' und von ‚Nekyia' so beeindruckt, daß er dem Verlag in Deutschland schrieb, er habe diese Bücher mit Bewegung und Bewunderung gelesen: „Darf ich Sie vielleicht bitten, dem mir ja unbekannten Verfasser zu sagen, daß er mir eine große Freude bereitet hat. Daß solche Bücher in diesen Jahren in Deutschland geschrieben wurden, das tröstet über Vieles."[9]

Nossack sah sich nicht als Existentialisten. Abgesehen davon, daß für ihn jede Gruppierung die Gefahr der geistigen Uniformierung in sich barg, fehlte ihm das für den Existentialismus wesentliche Postulat der Absurdität des Universums, gegen das sich der Existentialist dann zur Wehr setzt, indem er versucht, wenigstens dem eigenen Leben durch eine als wesentlich empfundene Existenz Sinn zu verleihen. Nossacks dauernde Hinweise auf andere Seiten und Wirklichkeiten suggerieren dem Leser immer wieder die Existenz einer bedeutungsgeladenen Dimension des Lebens, die es zu erkennen gilt. Gerade das Ende von ‚Klonz', dieser verzweifeltsten aller Nossack-Erzählungen, gibt dafür ein gutes Beispiel. Der Erzähler erinnert sich an ein Erlebnis, das er einmal beim kontemplativen Anschauen einer Pflanze hatte: „Ich betrachtete sie und staunte. Denn ich erwog dies: Da ist nun ein Gewächs über der Erde und eines darunter, das um nichts geringer ist. Wie bei einem Spiegelbilde. Wir sehen nur das, was über der Erde ist . . . Aber unter der Erde sind auch Zweige, und wie zart sind sie. Und es entsteht nicht nur aus der Blüte eine Frucht und Samen, um sich fortzupflanzen, nein, auch im Verborgenen gibt es Zwiebeln und Knollen, die die Art zu erhalten wissen." (198–9) Jede der Hälften dieser Pflanzenwirklichkeit meint, die andere sei nur dazu da, sie zu ernähren, aber der Erzähler war „nahe daran", den Zusammenhang zu begreifen: „Ich spürte es an dem Glück, das mir, dem Schauenden, zuteil wurde. Ich vergaß die Zeit. Ich kam zu spät zu Tisch." (199)

Am 3. Juni 1955 erwähnt Nossack in einem Brief an seinen späteren Verleger Peter Suhrkamp den Roman ,Spätestens im November' (Frankfurt 1955), den er in der vergangenen Nacht beendet habe. Er meint, daß sich dies Buch wohl besser verkaufen lasse als sein ,,sonstiges Zeug": ,,Das Buch ist leicht lesbar von einer Frau erzählt und vermutlich etwas für Frauen; es wird nicht reflektiert, und wenn ein Pferdefuß darin ist, so merkt man ihn jedenfalls nicht gleich." (,Dieser Andere', 95) Bei dem Pferdefuß handelt es sich u. a. um die Tatsache, daß dieser Roman trotz seiner gefälligeren Schreibweise eben doch wieder grundsätzliche, und damit ,,schwierige", Nossackthemen behandelt.

Zu dieser Zeit war Nossack auf der Suche nach einem Verleger, der ihm ein für allemal seine Schriften abnehmen und sie verlegen würde. Er gebrauchte dabei das Manuskript von ,Spätestens im November' bewußt als Köder: ,,Woran mir einzig liegt ist: Ein Verleger, der das Objekt Nossack ein für allemal übernimmt, und selbstverständlich muß dieser Verleger dann auch die eventuelle Gewinnchance, die der neue Roman verspricht, haben. Mit andern Worten: ich würde den Roman nur an einen Verleger geben, der sich mit Verantwortungsgefühl auch um meine anderen Sachen kümmerte, die nicht schlechter sind, im Gegenteil ..." (,Dieser Andere' 95–6) Der Roman erschien im gleichen Jahr im Frankfurter Suhrkamp Verlag in mindestens sechs Auflagen. Es folgten Taschenbuchausgaben mit vielen Auflagen bei anderen Verlagen, und das Buch wurde in acht Fremdsprachen übersetzt.

Nossacks Stil ist, besonders im späteren Werk, von einer sehr dichten, manchmal bewußt monotonen Erzählweise bestimmt. Seine Werke haben meisten monologischen Charakter, d. h. die Handlung, selbst Dialoge, werden oft von einem fiktiven Erzähler indirekt als Bericht wiedergegeben. Durch entsprechende Einlagen sorgt Nossack dafür, daß man die Gegenwart des Erzählers nicht vergißt. Anstatt der Illusion des unmittelbaren

Dabeiseins wird dem Leser die Rolle des mitdenkenden, reflektierenden ,,Zuhörers" zugewiesen. Es ist meistens ein pausenloses Erzählen, dessen monotone Eindringlichkeit fasziniert und manchmal irritiert; das letztere, weil gewisse Grundtatsachen und Motivationen einfach nicht ausgesprochen werden, als wären sie dem Leser längst bekannt. Nossack wußte sehr wohl um diese Eigenart und ihre mögliche Wirkung: ,,. . . nach wenigen Sätzen vermag man sich dem, was diese Prosa zu verschweigen weiß, nicht mehr zu entziehen; man glaubt in einen kahlen Raum zu treten und fühlt sich einer Atmosphäre ausgesetzt, die bis zum Zerreißen gespannt ist und zur passiven Teilnahme wie beim Träumen zwingt", schrieb er in seinem fiktiven Interview mit sich selbst. (‚Pseudoautobiographische Glossen', 18) ‚Spätestens im November' ist noch nicht monologisch geschrieben, sondern vielfach dialogisch aufgelockert. Ungewöhnlich ist, daß hier einmal eine Frau die Erzählende ist – immerhin ein Wagnis für einen Autor, den man gern wegen seiner anti-matriarchalischen Ausbrüche eines Anti-Mutter- und Anti-Frauen-Komplexes verdächtigt. Erst etwa neun Seiten vor dem Ende des Romans erfährt man, daß die Erzählerin eine Tote ist, die auf die letzten Monate ihres Lebens bis zum Moment des Todes zurückblickt: ,,Und dann kam der Wagen ins Fliegen. Da, wo die Lichtgirlande ins Dunkle abbiegt. Wir schwebten. Wie leicht wir waren! Federleicht. Wir wurden zu dem Pfeiler der Eisenbahnbrücke hingeweht. Immer schneller. Ich hielt mich an Bertholds Hand fest. Und er hielt sich an meinem Knie fest. Wir wollten nicht wieder getrennt werden.

Ja, und dann wurden wir ganz wo anders hingeweht. Es tat nicht weh, nein. Alle Schmerzen waren vorher gewesen." (392) Mit diesem tödlichen Unfall erfüllt sich ein Satz, den der Schriftsteller und Literaturpreisempfänger Berthold Möncken zu der ihm noch unbekannten Frau des Industriemagnaten Max Helldegen gesagt hatte, ohne jeden äußeren Anlaß: ,,Mit ihnen lohnt es sich zu sterben." (24) Gewiß, das klingt wie unerhörter Kitsch, wenn man den Zusammenhang nicht kennt. In Wirklichkeit handelt es sich bei der emphatischen ,,Lyrik" dieses

Satzes um den passenden Auftakt für eine höchst ungewöhnliche, ja, unerhörte Begebenheit; ,,unerhört" im Sinne der moralischen Entrüstung, die sie in ihrer Umwelt auslöst, und unerhört auch im Sinne einer extrem unkonventionellen Handlungsweise.

Die Erzählerin ist Marianne Helldegen, die Frau des bekannten Wirtschaftsführers Max Helldegen. Stellvertretend für ihren vielbeschäftigten Mann ist sie bei der Verleihung eines Literaturpreises an Berthold Möncken anwesend. Nach dem Festakt stehen sich die Frau und Möncken gegenüber, sind fasziniert voneinander, kommen sich irgendwie seit Ur-Zeiten bekannt vor. Und an dieser Stelle spricht Möncken den erstaunlichen Satz, daß es sich lohne, mit dieser Frau zu sterben. Marianne Helldegen ist aber keineswegs erstaunt über diesen Ausspruch, sondern empfindet ihn als den einzig möglichen.[10] Sie verläßt den Festsaal mit Möncken ohne jede vorherige Abmachung, sie fahren zu ihrem vornehmen Heim, sie packt ihren Koffer, bringt ihren kleinen Sohn zu Bett, wartet auf ihren Mann, um sich von ihm zu verabschieden, und fährt mit Möncken zum Bahnhof, Familie, Kindermädchen, Reichtum und gesellschaftlich beneidenswerte Rolle hinter sich lassend. Etwa zwei Monate bleibt sie bei dem Schriftsteller im möblierten Zimmer, erlebt zwei glückliche Wochen mit ihm auf dem Land, doch der Rest der Zeit bringt ihr eine immer unerträglicher werdende Einsamkeit. Der Grund dafür ist, daß Möncken so sehr am Leben in der banalen Gesellschaft leidet, daß er es nur schreibend bestehen kann. Bei einem Menschen, für den es nur die Alternativen Selbstmord oder künstlerische Verarbeitung der Probleme gibt, kann man auf keinen Dialog mit Mitmenschen hoffen, solang die Problematik ungelöst bleibt. Er empfindet sich selbst als eine Zumutung für andere und meint, es sei unmöglich und unverdient, daß diese Frau, die aus eigener Initiative mit ihm ging, wirklich zu ihm gehören könnte. Der Schriftsteller Möncken hat verblüffende Ähnlichkeiten mit Nossack selbst, doch um es gleich zu sagen: Er *ist* nicht Nossack, sondern nur eine zu Ende gedachte Extremform einer Nossackschen Charakteristik. Möncken ist, wie sein Name andeutet und wie es auch Nossack im Grunde war, eine Mönchsnatur, zumindest so lange ihn die ungelöste Problematik seiner Existenz in die Zelle bannt. Auch Nossacks Arbeitszimmer war ihm eine Zelle, der Schreibtisch ein Altar oder Betstuhl. Er hat sich selbst als manchmal geradezu vor seinem Schreibaltar knieend dargestellt, ohne allerdings einen identifizierbaren Adressaten für seine Stoßseufzer zu haben. Für einen Berthold Möncken, der, wie Nossack in den schweren Kriegs- und Nachkriegsjahren, kein getrenntes Arbeitszimmer hat, ist die Gegenwart gerade der geliebten Frau ein dauernder Vorwurf, auch wenn sie keine Ansprüche stellt. Als jedoch eines Tages Marianne Helldegens Schwiegervater vorbeikommt, fährt sie mit ihm nach Haus zurück, um Möncken von ihrer Gegenwart zu erlösen. Zu Hause werden mit vornehmer Diskretion keine Fragen gestellt, und Marianne nimmt sich vor, die Rollen, die in ihrer gesellschaftlichen Situation angelegt sind, zu jedermanns Zufriedenheit zu spielen. Es geht gut, bis in der Zeitung zu lesen ist, daß Berthold Mönckens neues Theaterstück in Anwesenheit des Autors in ihrer Stadt zur Uraufführung kommen soll. In der vornehmen Familie spricht niemand darüber, obwohl Spannung und Unruhe wachsen. Zwar heißt es dann, der Autor könne krankheitshalber nicht anwesend sein, doch spät am Abend, nach der Aufführung, stürmt Möncken angetrunken wie ein übermütiger Junge ins Haus und fragt den vorbildlichen Wirtschaftsführer und Ehemann Helldegen ungeduldig, wo denn seine Frau sei. Und Marianne, die schon geahnt hatte, daß er kommen würde, empfindet sein Erscheinen als eine Erfüllung, abgesehen davon, daß Möncken sie während ihres Zusammenseins immer vertröstet hatte: spätestens im November, wenn das Manuskript fertig ist, wird alles anders. Die Szene im Hause zwischen Helldegen und Möncken ist für Marianne so komisch, daß sie sich beherrschen muß, nicht laut herauszulachen. Kein Mitleid für ihren Mann, weil der ja immer so penetrant vorbildlich ist und daher keines braucht. Man weiß, er wird die kleine private Betriebsstörung problemlos meistern. Und der kleine Sohn wird mit Hilfe des vorbildlichen Kindermädchens in die Vorbildlichkeit seiner privilegierten Rolle hineinwachsen. Marianne Helldegen wird wirklich nicht gebraucht. Sie nimmt ihren kleinen Koffer und fährt mit dem Literaten in seinem alten Volkswagen davon. Die Straßen sind naß. Fahr doch schneller, sagt sie. Und dann passiert das sogenannte Unglück. Die beiden Liebenden, die nun in der Lage scheinen, ein normales, d. h. kein schriftstellerisch belastetes Leben zu beginnen, sterben einen euphorischen Tod. Oder was man als Tod bezeichnet. Denn offenbar ist Marianne ja noch in der Lage, die Geschehnisse, die zu ihrem und Mönckens Tod führten, mit Abstand und sogar Humor darzustellen.

Bei dieser ungewöhnlichen Erzählsituation der ,,nachtodlichen" Rückschau auf das Leben, handelt es sich um ein typisch Nossacksches Beispiel der Auslassung eines wichtigen Aspekts in seinem Weltbild, dessen Vermittlung an andere besser gedient ist, wenn man darüber auffällig schweigt. Wer die erste Seite des Romans aufmerksam liest, kann im Nachhinein feststellen, daß der Autor schon dort ein paar Anhaltspunkte gibt dafür, daß die Beziehung zweier Menschen, die in diesem Roman geschildert werden soll, nicht auf eine einzelne Lebensspanne begrenzt ist: ,,Es begann bei dem ‚kleinen Imbiß', wie es auf der Einladungskarte hieß. Es kann auch schon früher begonnen haben, sehr viel früher sogar. Vielleicht schon, als ich noch ein Kind war. Manchmal scheint es mir, als ob es gar nicht erst begonnen habe, sondern immer schon so gewesen sei, von Anfang an. Doch ich wage nicht darüber nachzudenken; es kann auch Einbildung sein." (7) Und weil dies mysteriöse ,,es" schon immer so war, ist es auch schwer, ,,der Reihe nach" zu erzählen, denn was schon immer so war, so ist, und auch nach dem Tode weiterbesteht, ist ein zeitloses Phänomen. Andrerseits zwingt die ins Zeitliche eingebaute Logik den Erzähler, ,,der Reihe nach" vorzugehen, wenn er einigermaßen verstanden werden will.

Deutlicher wird Nossack in der kürzeren Erzählung ‚Begegnung im Vorraum', der Titelgeschichte eines Sammelbandes, aus dem wir zitieren (Frankfurt 1963). Wie der Erzähler eingangs erklärt, hat man es in dieser Geschichte mit der „ungeheuerlichsten Liebeserklärung" zu tun, „die ich je gehört habe". (5) Es ist sein Freund, der einer fremden Dame auf diese Weise auf eine ihrerseits verblüffend intime Anrede antwortet. Die beiden Freunde befinden sich in einer Bar, in die sie sich vor dem Geschwätz eines Kongresses geflüchtet haben, und trinken Kirsch. Nach angeregter Unterhaltung stehen sie auf, um zur Toilette zu gehen. Zwischen der halbdunklen Bar und der Toilette ist ein greller Lichthof mit vielem Gerümpel, der Vorraum. Als die beiden Männer wieder in den Vorraum kommen, um in die Bar zurückzukehren, kommt ihnen von dort eine Frau entgegen, bleibt vor des Erzählers Freund stehen, sagt, daß sie der Unterhaltung zugehört habe und endet mit den Worten: „Du gefällst mir." (11) In einer Bar mit Hafendistrikt-Anstrich erwartet man eine solche Anrede nur von einer Frau, die auf zahlende Kunden aus ist. Doch der angesprochene Freund reagiert so, als habe er die Frau sofort erkannt: „Madame, lassen Sie uns bitte nicht auf die unmenschliche Weise miteinander verkehren, die man Liebe nennt. Das haben wir seit vielen Jahrtausenden getan, und es hat uns immer wieder zu Fall gebracht, obwohl wir doch zum Aufrechtstehen geschaffen sind." (14) Und daß es sich hier nicht um eine allgemeine Feststellung sondern um eine ganz persönliche Beziehung handelt, wird sofort klar: „Wollen wir nicht das Wunder, daß wir uns trotz allem zu dieser späten Stunde noch einmal begegnen, anders zu nutzen versuchen als bisher, damit die Welt über unser erneutes Versagen nicht ganz in Verzweiflung gerät?" (14) Die Welt gerät in Verzweiflung, muß man annehmen, wenn ein Mensch das Potential, das in ihm liegt, immer wieder brachliegen läßt: „Sie haben, Madame, etwas gesehen, was ich nicht bin, aber was ich sein könnte und darum sein müßte." (14)

Schon in ,Nekyia' war die Rede von der Verpflichtung gegenüber den eigenen Anlagen, wie auch von der Tatsache, daß dies Potential nur in den Augen eines liebenden Gegenübers wahrgenommen werden kann. In ,Begegnung im Vorraum' wird die Sprache deutlicher: „Ihre Augen sind klarer und nehmen es zuweilen wirklich wahr. Das gibt mir wieder Hoffnung, das zu werden, was Sie wollen ... Bewahren Sie das Bild, das Sie von mir kennen, damit ich es nicht durch körperliche Ungeduld verderbe und mir nichts bleibt, woran ich mich vergleichen kann. Denn eines Tages möchte ich vor Sie hinknien und Sie einen Engel nennen, weil ich selber einer geworden bin." (15) Das Wort von der körperlichen Ungeduld sollte nicht als Prüderie mißverstanden werden. Der körperlichen Ungeduld nachgeben wird hier als unzulängliche Ersatzhandlung gesehen, als sinnlose Wiederholung: „... nehmen wir es als genossen und erlitten. Wozu, nicht wahr, sollten wir es wiederholen?" (15)

In Nossacks späterem Werk wird sein Hauptanliegen, die Entwicklung des Menschen zu einem Stadium, für welches ihm nur das alte Wort Engel einfällt, immer weniger ausgesprochen. Was diese Entwicklung für den einzelnen bedeutet, wird nie gesagt, weil jeder eine eigene Richtung und damit auch ein nur ihm gemäßes Ziel hat. Das Wort vom Aufrechtstehen, das der Freund der Dame im Vorraum sagt, ist ein Hinweis auf die höchste Möglichkeit des Menschen: Aufrechtstehen im Nichts.

Eine seltsame Szene aus ,Begegnung im Vorraum' darf nicht unerwähnt bleiben: Als der Erzähler seinen Freund zu Beginn der Handlung in der Bar aufsucht, findet er ihn in Gesellschaft von zwei exotischen jungen Männern im Zimmermannskostüm, die beide einen Hammer im Gürtel tragen. Sie machen ein paar undeutliche Bemerkungen über einen goldenen Hammer, weichen aber einer genaueren Befragung darüber aus; sie seien zum Schweigen verpflichtet. Schließlich bezahlt ihnen der Freund das Bier, und sie gehen. Als Leser stellt man sich die berechtigte Frage: Was soll das alles? Andrerseits ist diese Episode so auffällig, daß sie für die darauf folgende Erzählung eine Funktion haben muß, in diesem Fall gewiß als Auftakt für die ungewöhnliche Begegnung, die kurz darauf im Vorraum stattfindet. Zur Erklärung mag ein Hinweis auf Gotthold Ephraim Lessings scharfsinnige Abhandlung ‚Wie die Alten den Tod gebildet' nützlich sein. Lessing führt darin den Beweis, daß man die zwei Jünglingsgestalten auf antiken Sarkophagen als Allegorien für Schlaf und Tod verstehen müsse. Es ist wahrscheinlich, daß Nossack die jungen Männer, deren Hämmer ganz unbenutzt scheinen und Zweifel an der Echtheit ihrer Handwerkerrolle aufkommen lassen, in Anlehnung an Lessings Abhandlung erfand. „Tode" sind bei ihm immer eine Art der Grenzüberschreitung in einen anderen Zustand hinein, in ‚Nekyia' gab es sogar mehrere solcher Grenzen, und es wurde einem bald klar, daß dem Erzähler Tod und Schlaf identisch sind. Lessing weist ausdrücklich darauf hin, daß eine spezifische Funktion des Schlafes der Traum sei (wodurch er sich trotz sonstiger Ähnlichkeiten vom Tod unterscheide).[11] Nossack geht einen Schritt weiter, indem er dem Traum die Möglichkeit einer schöpferischen Rolle zuschreibt, das Erträumen von Wirklichkeiten, die über die gegenwärtigen Begrenzungen der Persönlichkeit hinausgehen und die unzulängliche „Fassadenrealität" hinter sich lassen. „Was sich nicht träumen läßt, hat keine Wirklichkeit", ist ein bekannter Satz aus der Erzählung ‚Unmögliche Beweisaufnahme', ein Satz, den Nossack in seinem schon erwähnten Selbstinterview als „sein Motto" bezeichnet. (‚Pseudoautobiographische Glossen', 17)

Um zum Vergleich zwischen Lessings und Nossacks allegorischen Jünglingen zurückzukehren: Lessings Jünglinge stützen sich auf umgestürzte Fackeln – eine leicht durchschaubare Todessymbolik –, während Nossacks Jünglinge Hämmer bei sich führen. Ein Blick in jedes volkskundliche Wörterbuch ergibt, daß es seit Jahrhunderten üblich ist, den Hammer als Instrument der Nachrichtenübermittlung aus dem Reich des Todes und der Geister anzusehen. Doch anstatt nun dem Leser ein „para-psychologisches" Geklopfe zuzumuten, führt Nossack ihn direkt in den Raum hinein, aus welchem die Klopfnachrichten vielleicht einmal gekommen sein mögen: in die grelle Leere des Vorraums, ins sogenannte Nichts, in die Zeitlosigkeit. Der Mann und die Frau, berichtet der Erzähler, waren „. . .völlig isoliert von allem wegen der entsetzlich schattenlosen Helligkeit des Raumes!“ (12) Es ist das gleiche schattenlose Licht, das schon den Grenzüberschreiter in ‚Nekyia‘ umgeben hatte. Und obwohl der Mann eher flüsternd als laut sprechend der Frau auf ihr „Du gefällst mir“ antwortet und der Erzähler sich von den beiden Menschen entfernt hält, können die Akkordeonmusik und das Johlen und Kreischen aus der Bar die leisen Worte seiner Antwort nicht verdrängen: „Ich vernahm jede Silbe, und das ist vielleicht das Seltsamste von allem.“ (13) Es ist die „absolute Stelle“, in welche weder physikalische Schallwellen noch die kalte Zugluft von der Straße her einzudringen vermögen. Im geistigen Raum der Zeitlosigkeit sind die Naturgesetze nicht mehr gültig.

Nach der Begegnung vom Erzähler zur Rede gestellt, daß man einer fremden Dame doch nicht einfach solche Dinge sagen dürfte, antwortet der Freund erstaunt: „‚Fremd?‘ Er sah mich verwundert an. ‚Na, hör mal, weniger fremd kann man sich wohl nicht sein‘.“ (16) Daraufhin wird wieder Kirsch bestellt, „in immer rascherer Folge. Es gibt nun mal dies Mittel“. (16) Ein Mittel zur Blickverengung, um sich in der Fassadenrealität des Alltags wieder zurechtzufinden, aus der man seit dem Erscheinen der allegorischen Jünglinge entlassen worden war. Wichtig ist noch zu erwähnen, wie unterschiedlich der Freund und die Frau einerseits und der Erzähler andrerseits auf die Situation im Vorraum reagieren. Der Erzähler „friert“ in der Kälte des existentiellen Nichts, ihm ist peinlich, was da geschieht, während sich die Frau und der Freund mit der größten Natürlichkeit in diesem schwerelosen Zustand bewegen. Um dessen fähig zu sein, um dermaßen schlafwandlerisch „träumen“ zu können, muß man, wie Louis Lambert in Nossacks Roman ‚Der Fall d'Arthez‘ ausspricht, erst einmal „gestorben“ sein. So wird am Ende klar, daß die jugendlichen

Zimmerleute am Anfang der Erzählung durchaus sinnvoll eingesetzt sind im Sinne von Lessings ‚Wie die Alten den Tod gebildet', indem sie die wesentliche Vorbedingung für das erzählte Erlebnis allegorisch darstellen: das für Nossack-Gestalten unerläßliche Todeserlebnis und den traumerfüllten Schlaf.

‚Spirale. Roman einer schlaflosen Nacht'

Im Jahre 1956 erschien ‚Spirale. Roman einer schlaflosen Nacht'. Der Band besteht aus fünf Erzählungen, die alle das gleiche Thema behandeln: die Grenzüberschreitung. Hätte Nossack in diesen Erzählungen aber wirklich nur fünfmal das gleiche erzählt, so hätte man es mit fünf Kreisen zu tun und nicht mit einer Spirale. Eine Spirale suggeriert einen nach jeder Kreisbewegung „veränderten Standpunkt", wie es im Roman ‚Der jüngere Bruder' heißt, und das berechtigt zu der Annahme, daß der Autor das Ziel der spiralenförmigen Entwicklung dieses Romans vor Augen hatte; zumindest nach der Niederschrift der *zuerst* entstandenen *letzten* Geschichte, ‚Das Mal'. Es wird darin von der Grenzüberschreitung als einer gelungenen Leistung berichtet, die als gelungen bestehen bleibt, auch wenn dann der Entschluß zur Rückkehr zum Ausgangspunkt hinzukommt – ein neues Element, das unter der Bezeichnung „Remigration" von nun an immer wieder in Nossacks Werk auftaucht. Die tatsächliche innere Beziehung der fünf Erzählungen zueinander wird auch äußerlich sichtbar gemacht durch die Überschriften *Spirale* I, II, III, IV, V.

Der Untertitel dieser „Spiralen"-Sammlung, ‚Roman einer schlaflosen Nacht', gibt einen Hinweis auf Nossacks Schaffensweise: Die stillen Nachtstunden eignen sich besser zur rastlosen Selbstprüfung und zum „Ausprobieren" verschiedener Todesarten, wie er es nannte, als der ablenkungsreiche Tag. In einer Art Vorwort zur ‚Spirale' setzt er den entsprechenden Akzent: „Ein Ereignis hat einen Mann schlaflos gemacht. Er müht sich, sein Leben zurück und zuende zu denken; mit verteilten Rollen hält er über sich Gericht, klagt sich an, verteidigt sich und versucht, sich zu begnadigen, um endlich Ruhe zu finden. Doch immer, wenn die Spirale seiner Gedanken in den Schlaf absinken will, stößt sie an andere Bruchstücke seines Lebens und wird von neuem in das unerbittliche Zwielicht der Schlaflosigkeit hochgerissen. Vielleicht wird der Mann schließlich den Kampf aufgeben müssen und frierend am Fenster stehen. Draußen dämmert es bereits, und die Vögel beginnen zu zwitschern." Für denjenigen, der die Nacht so selbstquälerisch verbrachte, bringt das sonst so erfreuliche Vogelzwitschern im Morgenlicht keine Erfrischung, keinen Trost. Auch die kommende Nacht wird milchig-helle Schlaflosigkeit bringen.

Spirale I: ‚Am Ufer'

Die Requisiten dieser ersten Erzählung sind ein Fluß, eine verfallene Brücke und die Ufer, die sie einst verband: dieses Ufer und das andere, das nun als verboten gilt. Auf dieser Seite steht ein ehemaliges Fährhaus, das der Mutter des Erzählers gehört, die es in matriarchalischer Erbfolge von ihrer Mutter übernommen hatte. Der Vater ist an den Beinen gelähmt und für den täglichen Kampf ums Dasein nicht geeignet, ein Kampf, welcher der Mutter gar zu sehr am Herzen liegt. Der jugendliche Erzähler und seine Schwester fürchten die Mutter und verehren den Vater. Der Mann verbringt seine Tage oft im Korbstuhl und schaut über den Fluß aufs andere Ufer hinüber, obwohl es da nichts zu sehen gibt. Trotzdem fesselt die Blickrichtung des Vaters nicht nur die Kinder, sondern auch die Hauskatze, deren stille Mitwisserschaft die märchenhafte Stimmung dieser Erzählung verstärkt. Der Umgang der Mutter beschränkt sich auf Schwarzhändler, Schmuggler und gleichermaßen lebenstüchtige Existenzen. Erstaunlich ist nur, daß diese Leute, die Mutter inbegriffen, dem Vater instinktiv mit einer gewissen Ehrfurcht begegnen, die seiner abhängigen Stellung nicht zu entsprechen scheint. Es ist, als wüßte der krasseste Materialist insgeheim, daß die Welt des stillen Mannes eine Wirklichkeit ist, mit der man zu rechnen hat. Der Vater seinerseits gestattet den Kindern nicht, von der Mutter schlecht zu reden. Er scheint zu wissen, daß ihre Übermacht gewiß auch auf seine eigene Unfähigkeit zurückzuführen ist, sich selbst wirkungsvoll einzusetzen. Wenn die Mutter trotz ihrer dauernden Verärgerung immer noch einen Rest Ehrfurcht für ihren lahmen Mann bewahrt, so gründet dies auf einem Wissen um seine Möglichkeit, eben so wie ihr Ärger darauf zurückzuführen ist, daß er diese Möglichkeit ungenutzt läßt und sie dadurch zwingt, das zu werden, was sie gar nicht werden wollte: ein matriarchalisches Monstrum. „Die Frauen haben keine Schuld", heißt es an manch anderer Stelle in Nossacks Werk.

Die Familienkonstellation in ‚Am Ufer' spiegelt auch die Verhältnisse in Nossacks Elternhaus: die Abneigung gegen die machthungrige Mutter, die Verehrung für den Vater. Trotzdem verwahrte sich Nossack gegen die Anschuldigung, einen Anti-Mutter-Komplex zu haben: „Nein, soweit sie meine Mutter war, werde ich immer für sie Partei ergreifen, und damit die Partei aller Mütter. Doch so weit sie als Angehörige eines matriarchalischen Gesellschaftssystems handelte und ihre mütterliche Autorität und Unangreifbarkeit dazu benutzte, ihre Kinder zu domestizieren und diesem System zu unterwerfen, war sie in der Tat eine gefährliche Gegnerin." „Herrschsucht als Mutterliebe maskiert ist eine tödliche Gefahr für die Söhne", heißt es im gleichen Aufsatz, und wer dieser Repräsentantin des Konformismus nicht widersteht, läuft Gefahr, „daß sie alle seine zentrifugalen geistigen Möglichkeiten vernichtet, die ihn ihrer Einflußsphäre entziehen könnten". (‚Pseudoautobiographische Glossen', 30) Die Mutter war eine Hamburgerin aus angesehener Familie. Der Vater hatte lange in Südamerika gelebt, in Brasilien eine Firma gegründet und war nach Hamburg gekommen, um dort eine weitere Firma aufzubauen. „Seine Figur geistert hier und da durch meine Bücher, doch nur sehr undeutlich und mit einer fühlbaren Scheu gezeichnet." (‚Pseudoautobiographische Glossen', 39)

Für den Sohn in ‚Am Ufer' ist der Widerstand gegen den

konformistischen Druck der Mutter ebenfalls eine Sache des geistigen Überlebens. Die Tochter war schon dem kommerziellen Vorteil geopfert worden, indem man sie mit einem Zollbeamten verheiratet hatte. Weil auch der Sohn ausersehen ist, Zollbeamter zu werden, beschließt er, heimlich schwimmen zu lernen, um eines Tages dem mütterlichen Machtbereich entfliehen zu können: ans andere Ufer hinüber.

Dieser Sohn erzählt seine Geschichte dem Mädchen Nellie, einer jungen Kellnerin eines Fernfahrer-Rasthauses, mit welcher er dort die Nacht verbringt. Dem Mädchen gegenüber wird der sonst wortkarge junge Mann gesprächig. Typisch für Nossack: das bißchen Erotik dieser Begegnung wird sozusagen nebenbei abgetan; es ist ja nur der Auftakt für Wichtigeres, für das immer wieder vorkommende intime Erkennen zwischen zwei Menschen, das schon in ‚Begegnung im Vorraum' seinen stärksten Ausdruck gefunden hatte. Ein intensives Sprechen und Hören charakterisiert die Situation in ‚Am Ufer': „‚Hörst du, Nellie?' ‚Ja, ich höre', sagte Nellie. ‚Ich dachte, du schläfst.' ‚Nein, ich habe doch die ganze Zeit die Augen offen. Ich weiß auch nicht, warum. Ich höre zum erstenmal davon'." (38)

Wovon sie zum erstenmal hört, ist das andere Ufer, die ehemalige Brücke, deren Reste ja darauf hindeuten, daß da einst herüber und hinüber gegangen wurde. Sie hört auch von der Absicht des Jungen hinüberzuschwimmen. Das Wissen von der Existenz des anderen Ufers ist wesentlich für beide, auch für die zurückbleibende Nellie. „Aber dann werde ich auch an dich denken, Nellie, wie schön du bist und an alles. Bestimmt. Und es wäre gut, wenn auch du es nicht vergißt ... Ja, es wäre wirklich sehr gut. Für mich wäre es gut, hörst du."(45) So ist das Wissen voneinander zugleich ein Wissen füreinander, eine Bestärkung beim Versuch, die eigene Richtung zu finden und sie einzuhalten, um, wie es in ‚Begegnung im Vorraum' hieß, das zu werden, was man sein könnte und deshalb sein müßte. Die Schönheit, welche der Junge an Nellie bewundert, hat nichts mit äußerer Hübschheit zu tun, obwohl Nellie sicher hübsch genug ist, um bei den Fernfahrern als nette Kellnerin und gelegentlich „leichtes Mädchen“ in Frage zu kommen. Die Schönheit, an die sich der junge Mann erinnern will, ist innerer Art und verpflichtend.

Spirale II: ‚Die Schalttafel‘

Nach märchenhafter Landschaft, allegorischer Familie und kindlich-weisem Liebesverhältnis in ‚Am Ufer‘ versetzt uns ‚Die Schalttafel‘ in den trüben Alltag einer kleinen Universitätsstadt. Kleinbürgermief, angereichert mit den penetranten Dünsten einer Bratwurströsterei, durchdringt die ärmliche Bude eines deprimierten Studenten. Die Verlorenheit des jungen Mannes rührt daher, daß er seinen Vater in einem plötzlichen Anfall von Selbstbehauptung hatte wissen lassen, er brauche sein Geld nicht mehr, und daß er der studentischen Verbindung, der er sonst nur als ein durchschnittlicher Mitläufer bekannt gewesen war, eine pathetisch rebellische Austrittserklärung geschickt hatte – eine ruinöse Handlungsweise für einen jungen Mann, der es im sogenannten Leben der konformistischen Gesellschaft zu „etwas“ bringen will. Die Situation entspricht durchaus derjenigen Nossacks, als er in Jena Student war. Um seine Mutter zu verletzen, hatte er seinem verträglichen Vater eine Unabhängigkeitserklärung zugesandt und der studentischen Verbindung mit Schillerschem Pathos getrotzt. Bald darauf wurde er Hilfsarbeiter in der Glasfabrik von Schott & Söhne. Die Erzählung ‚Die Schalttafel‘ ist eine Auseinandersetzung mit sich selbst in Form eines Dialogs, der sich aber bald in einen fast ununterbrochenen Monolog verwandelt, Nossacks eigentliche Erzählform. Seine damalige Handlungsweise dem Vater gegenüber nannte er fünfunddreißig Jahre später eine „pubertäre Prahlerei“. (‚Pseudoautobiographische Glossen‘, 138)

Der ratlose Student erhält Besuch von einem Kommilitonen, der nicht begreifen kann, warum sich der junge Mann – der Erzähler – zu einem so ungünstigen Zeitpunkt in seiner Laufbahn mit der mächtigen Verbindung überworfen hat. Da er selbst ein überaus rationaler, dauernd abwägender Mensch ist, kann er sich nicht vorstellen, daß ein anderer so impulsiv und ohne einen Gedanken an die Folgen handeln könne. Er vermutet daher in dem hilflosen Erzähler eine ihm weit überlegene Intelligenz, und nichts, was dieser entgegnet, kann diese Meinung entkräften. Im Gegenteil: die verzweifelten Beteuerungen des Erzählers, daß er nur impulsiv gehandelt habe, werden als absichtsvolles Theater ausgelegt. Nun führt aber gerade die Fehleinschätzung durch seinen Besucher den Erzähler zu einem Bewußtwerden dessen, was ihm tatsächlich fehlt, und was der andere in krankhaftem Übermaß besitzt: die kühle Distanz des analytischen Geistes zu den Dingen und zu sich selbst. Der Kommilitone, der Schneider heißt, analysiert die gegenwärtige Gesellschaft ganz in Nossacks Sinne und mit analytischer Schärfe als Matriarchat, dessen einschläferndem Zugriff sich der suchende Mensch durch gespielten Konformismus zu entziehen habe. Schneiders Strategie sieht den Aufstieg zu einer leitenden Stellung im Wirtschaftsleben vor – dem Sektor des praktischen Lebens, dem Nossack aus eigener Erfahrung den vergleichsweise größten Realitätsgehalt zusprach – und die Ehe mit einer beliebigen, jedoch vermögenden Frau. Hinter dieser Fassade aus erfolgreicher Laufbahn, wirtschaftlichem Erfolg und einer sozusagen glücklichen Ehe hofft er unbemerkt ins existentielle Nichts zu entweichen. Was er der Gesellschaft zurücklassen würde, sind die Rollenschablonen, welche auch ohne innere Beteiligung ihres Trägers die Erwartungen der Gesellschaft dank ihrer eingebauten Automatik bestens befriedigen. Um für alle Eventualitäten vorbereitet zu sein, hat sich Schneider ein sogenanntes Schalttafelsystem entworfen, ein ausgeklügeltes System angemessener Aktionen und Reaktionen. Im Besitz dieses Systems fühlte er sich der Welt überlegen, bis ihn die impulsive Handlungsweise seines Kommilitonen aus dem Konzept brachte. Der Erzähler macht sich später Vorwürfe, die verzweifelte Seelenlage seines Besuchers nicht erkannt zu haben, doch er war ja selbst von Zweifeln verunsichert: „Es ist nicht zu sagen, wie beschämt und verlegen ich war. Wie nichtig kam ich mir vor. Doch davon bemerkte er nichts." (109) Ob Schneider die Durchführung seines Planes gelingt, bleibt vorerst dahingestellt. Doch im Roman ,Der jüngere Bruder' taucht Schneider wieder auf als Hauptfigur, inzwischen Dr. ing., reich verheiratet, auf dem Höhepunkt des Erfolgs, und als Remigrant zurückkehrend aus dem Außerhalb, dem Nichts.

Die Frage stellt sich ein, inwieweit man Nossack mit dem Erzähler oder mit Schneider identifizieren kann. Die Antwort muß lauten: mit beiden. Wie in ,Nekyia' sind auch hier die intuitive und die intellektuelle Hälfte seines Wesens in einer Konfliktsituation. Die Grundsituation deckt sich, wie schon erwähnt, mit Nossacks eigener Studentenzeit, und die Analyse der Gesellschaft, die Schneider verlauten läßt, entspricht Nossacks essayistisch festgehaltenen Gedankengängen, wie man sie in ,Pseudoautobiographische Glossen' und in ,Die schwache Position der Literatur' findet. Aus dem Munde des bei aller Intellektualität noch unerfahrenen Studenten Schneider klingen diese Gedanken allerdings nicht glaubhaft. Mit Schneiders Schalttafelsystem hat Nossack einfach einen möglichen Weg der Anpassung bei gleichzeitiger Isolierung konsequent zu Ende gedacht. Daß ihm Schneiders System nicht liegt, macht er schon auf der zweiten Seite der Erzählung deutlich: „Mir liegt gar nichts daran, die Schalttafel zu verteidigen. Im Gegenteil, sie ist mir aufs höchste zuwider." (48) Auf der letzten Seite, bei der Beschreibung seines grußlosen Fortgehens, wirkt Schneider trotz seiner Super-Intelligenz wie ein Verrückter, wie eine Maschine: „Ich wagte nicht, ihm etwas nachzurufen. Wie darf man jemandem etwas nachrufen, für den man schon nicht mehr existiert? Denn Schneider hatte bereits umgeschaltet, auf Nachhausegehen oder was weiß ich. Jedenfalls hatte er mich völlig ausgeschaltet." (112) Für die Not seines Kommilitonen hatte der überkluge Besucher keine Augen und gewiß auch kein Interesse. Und der bekommt dann auch seine Einsamkeit erneut zu spüren: „Ich hörte unten die Haustür zuschlagen und ging in mein Zimmer zurück. Das Gaslicht puffte von dem Luftzug, dann zischte es wieder eintönig." (112)

Die Erzählung ‚Unmögliche Beweisaufnahme‘ ist ein Meisterstück stilistischer Perfektion. Höchst ungewöhnliche Gedankengänge aus einer erträumten Wirklichkeit kommen hier in der Form einer Gerichtsverhandlung zum Ausdruck. Trotz der sprachlichen Virtuosität dieser Erzählung tritt darin Nossacks Prinzip der größtmöglichen Schlichtheit und Sprechbarkeit seiner Sätze in Erscheinung.

In ‚Unmögliche Beweisaufnahme‘ handelt es sich darum herauszufinden, ob der Angeklagte, ein geachteter Versicherungsmakler, für das ungeklärte Verschwinden seiner Frau verantwortlich zu machen sei. Die seltsamen Antworten des Maklers verunsichern den Richter, den Staatsanwalt und auch den Pflichtverteidiger, die sich nicht entscheiden können, ob sie einen Mörder, einen Komödianten oder einen Verrückten vor sich haben. Befremden erweckt schon die Beteuerung des Angeklagten, er wolle jedes Urteil des Gerichts von vornherein akzeptieren und schon jetzt auf sein Berufungsrecht verzichten. Auch wenn es dem Gericht nicht gelingen sollte, den wahren Sachverhalt, den er selbst ja auch gern wüßte, herauszufinden, wäre es wünschenswert, daß man ihn für schuldig befinde. Zwar handle es sich beim Verschwinden seiner Frau wohl um Vorgänge, für deren Aufklärung die Kompetenz des Gerichts leider nicht ausreiche, doch sei das einzig Wichtige an diesem Verfahren nur, daß der Gesellschaft nicht der Glaube an die Kompetenz seiner Gerichte und Institutionen geraubt würde. Verständlicherweise fühlt sich das Gericht brüskiert, doch die Verhandlung geht weiter.

Aus den Aussagen des Angeklagten wird ersichtlich, daß er und seine Frau sich schon lange darüber im klaren waren, daß der allgemeine Wunsch nach einer garantierten Dauerhaftigkeit der gesellschaftlichen Verhältnisse eine Utopie sei. Vom Gericht befragt, warum er denn trotz seines Glaubens an die Unversicherbarkeit der Verhältnisse sein Geld als Versicherungsmakler verdiene, antwortet der Gefragte, daß es für die Menschen besser sei, an illusorische Sicherheiten zu glauben als an gar keine. Die wenigsten könnten mit dem Gedanken der Nicht-Versicherbarkeit fertig werden. Einigen gelinge es allerdings, sich dieser Erfahrung ganz hinzugeben. Sie lebten im sogenannten Zwischenraum, weder auf dieser Seite zu Hause noch auf einer andren.

Die Frau des Maklers entschloß sich eines Nachts im September, der Halbheit dieses Zustands ein Ende zu machen. Ihr Mann bewunderte diese Konsequenz: ,,Frauen, wenn sie sich einmal entschlossen haben, sind viel weniger ängstlich als Männer." (312) Er behauptet, seine Frau ins Freie begleitet zu haben, sie seien in einen Schneefall hineingekommen, er habe sich noch einmal nach dem Haus umgedreht, und in diesem Moment sei seine Frau im Schneefall verschwunden und habe auf seine Rufe nicht mehr geantwortet. Auch hier spielt Nossacks Idee von der Verschiedenheit des bürgerlichen und des eigentlichen Namens eine Rolle. Der Makler meint, seine Frau wäre wohl auf sein Rufen zurückgekommen, wenn er ihren wirklichen Namen gewußt hätte. ,,Was meinen Sie damit?" fragte der Gerichtspräsident, und der Angeklagte antwortet: ,,Daß ich den falschen Namen gerufen habe. Einen, auf den sie nicht mehr hört." (305) Um ihren eigentlichen Namen zu wissen, müßte er ihr erst einmal in ihrer neuen Wirklichkeit gegenüberstehen.

Das Gericht weiß sehr wohl, daß es im September nicht geschneit haben kann, auch in jener Nacht nicht. Trotzdem besteht der Angeklagte auf seinem Schnee-Erlebnis, und bald wird es klar, daß er damit eine andere Wirklichkeit meint: ,,Es schneit doch schon ewig und es schneit immer noch. Dicke weiße Flocken. Auch zwischen uns hier schneit es. Wir reden und reden, die Worte kommen nirgendwo an; deshalb erfrieren sie und fallen endlich als friedlicher Schnee zu Boden. Man muß das nur sehen können. Sehen Sie es denn nicht, meine Herren?" (314–5) Die Herren, von Nossack durchaus nicht unsympathisch dargestellt, können den metaphysischen Schnee beim besten Willen nicht wahrnehmen. Die Formulierungen des Gerichts und des Maklers laufen nebeneinander her wie zwei Schienenstränge, und es besteht noch nicht einmal die optische Illusion eines letztlichen perspektivischen Zusammentreffens. Die Verhandlung verläuft, ganz im Nossackschen Sinne, im Nichts. Sie bricht einfach ab, mitten im Satz ...

Spirale IV: ,Die Begnadigung'

Spätestens bei der ,Unmöglichen Beweisaufnahme' wird der lockere Zusammenhang der Erzählungen des Romans ,Spirale' sichtbar. In ,Am Ufer' spricht der junge Mann von seiner Absicht, heimlich schwimmen zu lernen, um eines Tages ans andere Ufer zu gelangen. In der ,Schalttafel' verdichtet sich die bloße Absicht eines solchen Grenzübertritts zur aktiven Vorbereitung. In ,Unmögliche Beweisaufnahme' wird der Grenzübertritt ins Nicht-Versicherbare tatsächlich vollzogen. Die Eigentümer der soziologischen Rollen lassen diese stellvertretend für sich zurück; diese handeln für sie, lächeln, sprechen, unterschreiben Verträge, während sie selbst die Grenze unbemerkt überschreiten. Die Tatsache, daß es dem Makler nicht gelang, wie seine Frau im metaphysischen Schneesturm zu verschwinden, beruht auf einem Fehler, den ein Nossack-Held nicht machen darf: Er schaute noch einmal zum Haus zurück. Wer sich umschaut, hat sich nocht nicht radikal genug vom Hergebrachten getrennt. Er muß scheitern. Und die „Gescheiterten" sind die eigentlichen dramatischen Personen seiner Romane und Erzählungen. Personen wie die Frau des Maklers, denen der Grenzübertritt problemlos gelingt, gehören nicht dazu. Der Begriff des Gescheiterten wird in Nossacks späterem Werk präzisiert durch den schon erwähnten Begriff des Remigranten, Remigration heißt: bewußte Rückkehr in die gesellschaftliche Dimension als ein Gescheiterter, der äußerlich wie alle andern lebt und gleichzeitig sein Erlebnis des Scheiterns bewahrt. Denn Scheitern ist eine positive Erfahrung und, wie Nossack in dem Aufsatz ,Der Weg nach draußen' schrieb, „die uns gemäße Todesart". (,Pseudoautobiographische Glossen', 21) Mit der

Remigration der Gescheiterten in die Gesellschaft, der sie jedoch nicht mehr angehören, endet die letzte Erzählung ‚Das Mal'.

Zunächst jedoch zeigt die vierte Erzählung, ‚Die Begnadigung', den allmählichen Abbau innerer Widerstände gegen eine solche Remigration. Es handelt sich da um einen Strafgefangenen, der erfährt, daß er begnadigt werden soll. Von den andern Häftlingen beneidet, ist er selbst von seiner Begnadigung entsetzt. Seine Verurteilung für ein Verbrechen, an das er sich nicht mehr erinnert, lautete auf lebenslänglich und sah keine Möglichkeit der Begnadigung vor. Tatsächlich hatte er seine lebenslängliche Haft nie als eine Strafe, sondern als ein Versprechen aufgefaßt, als ein Versprechen des Systems, ihn von den regellosen Verhältnissen der Welt da draußen abzuschirmen. Um seinen Verbleib in der Strafanstalt zusätzlich zu gewährleisten, war er allen Anstaltsregeln mit größter Gewissenhaftigkeit nachgekommen. Je unsinniger eine Regel war, um so leichter war es, ihren Anforderungen zu genügen: Es ging einen innerlich nichts an. Doch nun soll ihm die Sicherheit des Gefängnisses gerade wegen seiner guten Führung verlorengehen. Er wehrt sich zuerst, doch es nützt ihm nichts. Am Ende unterschreibt er das ihm zugeschobene Begnadigungsgesuch.

Von der Außenwelt weiß der Gefangene nur noch, daß ihn dort die Ungewißheit erwartet mit neuen Regeln, die er nicht kennt und für deren Nicht-Einhaltung er dann wieder bestraft wird. Man hat den Satz des Gefangenen: „Aber wie, wenn mir nun gar nichts begegnen sollte?" (321) als „Furcht vor der Leere" interpretiert,[12] denn außerhalb der Gefängnismauern, im Zwischenraum zwischen der repressiven Institution und der normalen menschlichen Gesellschaft, gibt es keine Regeln, durch deren Einhaltung man sich schützen kann. Der Gefangene hat es weit gebracht in der Kunst der Tarnung durch scheinbare Anpassung: Er betrachtet sich im Spiegel: „Es war ein zufriedenes Gesicht. Es lächelte sogar freundlich. Nicht mehr ganz jung, an den Seiten waren die Haare grau, aber sonst ... Und wie höflich! Ich wundere mich sehr. Ist es denn wirklich mein Gesicht? Wo sind denn all die Gedanken, die ich denke und verschweige? Wo ist die entsetzliche Qual der Nächte?" (337–8) Andrerseits schreckt ihn nicht nur die Leere, sondern auch die normale Menschenwelt mit ihrer Fülle. (Ihrer Ausmalung sind mehr als fünf Seiten gewidmet: 342–347.) Er wird seine Kunst der Tarnung nötig haben.

In einem Film, den man den Häftlingen gezeigt hatte, hatte er auf den Balkonen einer Straße dicke Hausfrauen bemerkt: „Wie nun, wenn diese dicken Frauen eine Art Aufseher sind, ähnlich wie bei uns [...]Und da ich mich nicht nach ihren Vorschriften zu bewegen weiß, werden sie mit den Blumentöpfen nach mir schmeißen. Und wenn ich dann renne, um schneller hindurchzukommen, wird mir eine vielleicht ein nasses Wäschestück über den Kopf werfen, so daß ich wie blind bin und hinfalle. Und dann werden alle dicken Frauen schreien: Kopf ab!

Und das nennen sie begnadigen?" (346–7)

Um sich selbst die Annahme seiner Begnadigung zu erleichtern, erfindet sich der Häftling einen altruistischen Grund: Er will versuchen, in der Außenwelt Gott zu finden. Nicht für sich. Er hat ihn nicht nötig. Sondern für den jungen Gefängnisgeistlichen, der seinen Namen dauernd von Amts wegen im Munde führt, ohne viel von ihm zu wissen. Diesem jungen Mann gegenüber fühlt sich der Häftling als ein älterer Bruder, auch wenn dies Wort in dieser Erzählung nicht auftaucht. Für Nossack ist ein älterer Bruder jemand, der den Schritt ins Nicht-Versicherbare schon hinter sich hat. Obwohl er sie nicht persönlich kannte, waren ihm der Maler Max Beckmann und der italienische Schriftsteller Cesare Pavese „ältere Brüder". Mit dem mythischen Namen Orest bezeichnet Nossack den älteren Bruder *par excellence*: „Was ist damit schon über Orest gesagt? Und was ist er mir? Es liegt mir auf der Zunge, leichtfertig zu sagen: ein älterer Bruder. Aber das Wort ‚Bruder' ist peinlich und klingt so expressionistisch. Nur das Beiwort ‚älter' stimmt. Orest ist ungefähr zwei Jahre älter als ich, das steht fest. Insofern ist er mir überlegen. Einer, der zwei Jahre früher fortgegangen ist, ein Schritt, der wohl auch mir bestimmt ist. Darin allein liegt unsere Verwandtschaft." (,Pseudoautobiographische Glossen', 28) Daß Nossack hier die Bezeichnung Bruder ablehnt, hat nichts zu sagen. Er selbst gebrauchte sie, peinlich oder nicht, immer wieder.

Auch der Häftling ist einer, der innerlich schon fortgegangen ist und zur Tarnung dieser Tatsache alle Anordnungen der ihm sinnlos gewordenen Gefängniswelt so gewissenhaft befolgt. Der junge Geistliche scheint diesen Schritt, diese zweite Geburt, noch vor sich zu haben. Insofern ist er ein „jüngerer" Bruder. Typisch für diese Rolle ist, daß der Geistliche auf die Erwähnung seiner Mutter panisch reagiert, und zwar auf die Frage des Gefangenen, ob seine Mutter ihn für sein Hinüberschauen auf die andere Seite bestraft habe: „Sie sind . . . Sie sind der Teufel!" (352) Auch in ‚Nekyia' war ein jüngerer Bruder, der sich nicht in die Nähe der mythischen Mutter wagte. Jedenfalls gelingt es dem Gefangenen, seinen aufgeregten jungen Geistlichen zu beruhigen. Die Szene entbehrt nicht der Komik: „Ach, Hochwürden, in welch einer großen Not sind Sie", „Wollen Sie immer noch weglaufen?", „Was wissen Sie denn von Ihrem Gott, Sie junger Ausreißer!" (352–3) Und schließlich sind die Rollen des Seelsorgers und des seelisch zu Versorgenden völlig vertauscht: Der Begnadigte ist nun bereit, in die Außenwelt zu gehen, um für seinen Schützling Gott zu finden. Und wenn es ihn wirklich geben sollte, wird er ihn an seiner Traurigkeit erkennen. (355)

Spirale V: ‚Das Mal'

In der fünften Spirale, ‚Das Mal', wird das Außerhalb, von dem bisher nur immer die Rede war, zum Schauplatz der Handlung. Eine Expedition von fünf Männern und einem Rudel Schlittenhunden müht sich durch das eisige Schneetreiben einer allegorischen Polarlandschaft. In der siebten Woche klart es zum erstenmal auf. Vor sich in der Ferne sehen die Leute ein Mal, das vertikal in der Landschaft steht. Näherkommend bemerken sie, daß es sich um einen erfrorenen Menschen handelt. Stehend war dieser Mann erfroren, und in dieser Haltung demonstriert er ein Nossacksches Ideal bis zur äußersten Möglichkeit der Verwirklichung: daß der Mensch, der doch zum Aufrechtstehen geschaffen ist – wie es in ‚Begegnung im Vorraum' heißt – diese dem Menschen angemessene Haltung bis in die nicht-versicherbare Landschaft des mystischen Todes hinausträgt.

Die unvermutete Gegenwart des Toten läßt die Expedition sinnlos erscheinen, weil man doch der Meinung gewesen war, nur der eigenen Richtung zu folgen. „Wir kamen uns plötzlich ein wenig sinnlos vor." (360) Bald darauf entschließen sich der Erzähler und ein Mann namens Blaise – die Führer der Expedition – zurückzukehren. Der impulsive Erzähler meint zuerst, eine Heimkehr sei ausgeschlossen, worauf ihm der rational denkende Blaise antwortet: „Wer spricht denn von Heimkehr? Ich spreche von Scheitern." (370) Die Frage bleibt, ob denn die Rückkehr oder Remigration die einzige Alternative ist, die sich dem ins Außerhalb Strebenden bietet. Offensichtlich fand der Erfrorene eine andere Lösung; und daß es eine wünschenswerte oder gar beneidenswerte Lösung war, empfindet der Erzähler recht deutlich. Eigentümlicherweise fällt es nur ihm auf, daß der Tote in seine Richtung vorauslächelt: „Wie jemand, der einen schönen Gedanken hat, ganz für sich allein, und weiß es selber nicht, daß er dabei lächelt." (359) Blaise ist davon weniger beeindruckt. Zwar will auch er „diese schöne Stille" einst genießen und hofft, eines Tages dafür „reif" zu werden, doch für den gegenwärtigen Zustand seines rationalen Bewußtseins erscheint ihm ein bloßer Rückfall in vorrationale mystische Zustände unzulässig: „Die Nerven verlieren? Das mag zu seiner Zeit gut gewesen sein; man zog Erkenntnisse daraus, und wenn man Glück hatte, wurde man ein Heiliger. Doch es entspricht leider nicht mehr der Entwicklung unseres Gehirns. Es wäre Pfuscherei. Darum habe ich mich entschlossen, zu scheitern." (371) Die Ähnlichkeit dieser Denkungsart mit derjenigen des Freundes in ‚Nekyia' ist auffallend. Auch der Erzähler, der als einziger das Lächeln des Toten auf sich wirken läßt, während Blaise es nur fotografieren will, und der das Todeserlebnis des Erfrorenen nicht einfach als „Nervenverlieren", d.h. als religiöse Hysterie abschreibt, auch er ist nicht gewillt, das Denken aufzugeben: „Ich dachte und dachte, immer schneller ging es; denn das Denken wollte ich auf keinen Fall aufgeben, das war das letzte – und dabei wußte ich schon, daß gar nichts mehr da war, um es nachzudenken." (367) Das menschliche Denken, auf herkömmliche Logik geeicht, drehte sich im widerstandslosen Nichts dieser Situation um sich selbst, wie eine Schiffsschraube in der Luft. Der Erzähler hatte dies Denkerlebnis nachts, während er vor dem lächelnden Toten saß und sich vorstellte, wie es wäre, wenn er nun in dessen Blickrichtung weiterginge, bis auch er erfröre.

Der Name Blaise ist ein Hinweis auf Blaise Pascal, den französischen Philosophen, der im siebzehnten Jahrhundert die Verwendbarkeit des Thermometers entdeckte für die Höhenmessung, in der Mathematik die Erkenntnisquelle wissenschaftlicher Wahrheiten sah, sich in philosophisch-religiösen Schriften engagierte und der trotz seiner wissenschaftlichen Einstellung der Ansicht war, daß metaphysische Wahrheiten auch intuitiv faßbar seien. Nossack hat auf Pascals Bedeutung für sich selbst hingewiesen. Der Blaise in der Erzählung ‚Das Mal' verleugnet seine Herkunft nicht: Er mißt, macht Eintragungen naturwissenschaftlicher Art, obwohl man ja gar nicht die Absicht hatte, zur Zivilisation zurückzukehren, wo dergleichen Dinge verwendbar sind. Und da dieser Blaise um einige Jahrhunderte jünger ist als sein Vorbild, fotografiert er auch. Von den vielen Kontrastfiguren zu den jeweiligen Erzählern in Nossacks Werk ist diese die eindrucksvollste, weil sie nicht von antagonistischen Gefühlen heimgesucht ist und dadurch ihre Aufgabe erfüllt: die Darstellung einer Alternative des Denkens. Die Kontrastfiguren sprechen, wie schon erwähnt, ebenso für Nossack wie die Erzähler selbst, sind Teil seines Wesens. Deshalb ist es auch schwer, zu schlüssigen Feststellungen in bezug auf Nossacks Denkungsart zu kommen. Bei seiner kontrastreichen inneren Konstellation ist es kein Wunder, daß sich widersprüchliche Äußerungen bei seinen Figuren zu häufen scheinen.

Jedenfalls scheint Blaises Denken nicht auszureichen, um mit dem Rätsel des lächelnden Toten fertig zu werden. Und auch der Erzähler erfährt die Grenzen dieser Art des Denkens, die ja auch ihm eigen ist, wenn auch weniger absolut. Doch dann führt ihn seine Faszination durch das Gesicht des Toten zu ganz intuitiven Assoziationen: ,,Sein Gesicht war wie eine Landschaft, die mir sehr bekannt vorkam. Busch und Tal und alles, wie es sein soll. Jeden Augenblick konnten die Nachtigallen darin singen oder ein Kauz wehklagen. Ich grübelte nach, wo es gewesen war." (367) Allerdings wird dieser kurze Ausblick auf eine Landschaft, die ist, wie sie sein soll, rasch wieder ausgewischt, wie es bei Nossack häufig vorkommt, wenn er meint, seinem Leser zu viel Einblick zugemutet zu haben. Gerade deshalb lohnt es sich aber, einmal kurz zu untersuchen, was dieser sich und seine Worte immer wieder halb auswischende Schriftsteller auf diese Weise andeuten wollte, ohne direkt darüber reden zu müssen. Er meinte ja selbst, seine Prosa verschweige mehr, als sie verrate.

Die im Gesicht des Erfrorenen visionär wahrgenommene Landschaft, die ist, wie sie ,,sein soll", ist ein allegorischer Hinweis darauf, daß der Mensch, dessen Gesicht einen derartigen Eindruck vermittelt, eben auch ist, wie er ,,sein soll". Es kann sich da nur um einen Menschen handeln, der das geworden ist, was er ,,sein könnte und daher sein müßte", der, seiner eigenen Richtung folgend, bei sich selbst angekommen ist. Wir haben gesehen, daß Blaises Denken, als Nossacks literarische Paraphrase Pascalscher Auffassungen, mit dem Phänomen des lächelnden Toten nicht fertig wurde, ja daß er das Lächeln eigentlich nicht wahrnahm. Doch mit des Erzählers Vision der sozusagen paradiesischen Landschaft im Gesicht des Toten scheint Nossack sich noch auf einen anderen Menschen zu beziehen, dessen Leben, Werk und Freitod ihn beschäftigt haben, auf Heinrich von Kleist. In Kleists berühmter Abhandlung ‚Über das Marionettentheater' ist die Rede vom Verlust der natürlichen Grazie eines jungen Menschen, der die unbewußte Vollkommenheit einer seiner Bewegungen im Spiegel entdeckt und nun absichtlich zu wiederholen versucht, doch ohne Erfolg. Nossack würde sagen, er habe sein „Wesen an die Wirkung verloren".[13] Bei Kleist wird der Verlust der unbewußten Natürlichkeit darauf zurückgeführt, daß man vom Baum der Erkenntnis gegessen habe; also eine Art Sündenfall. Es heißt weiterhin, es gebe keinen Weg zurück in den verlorenen paradiesischen Zustand der Unschuld, bzw. des Unbewußt-Seins, doch man könne hoffen, den Eingang zum Paradies auf andere Weise zu finden: „... wir müssen die Reise um die Welt machen, und sehen, ob es vielleicht von hinten irgendwo wieder offen ist." Und am Ende der Abhandlung steht der berühmte Satz: „‚Mithin', antwortete ich zerstreut, ‚müßten wir wieder vom Baum der Erkenntnis essen, um in den Stand der Unschuld zurückzufallen?' ‚Allerdings', antwortete er, ‚das ist das letzte Kapitel von der Geschichte der Welt'."[14]

Der Stand der Unschuld ist ohne die Überwindung der schizoiden Spaltung der Persönlichkeit in Wesen und Wirkung für Nossacks Gestalten nicht möglich. Schon in ‚Nekyia' wird diese Idee mit dem Bild des Spiegels verdeutlicht. Nach der Katastrophe entdeckt der Erzähler, daß er sein Spiegelbild verloren hat. Und es wird auch deutlich gemacht, daß die wiedererlangte Einheit der Persönlichkeit nicht mit dem Verlust des reflektierenden Bewußtseins erkauft werden muß, im Gegenteil: der Erzähler schreitet im Traum durch einen Spiegel hindurch in eine neue Dimension bewußter Erlebnisse. Auch in Kleists Marionettentheater wird auf die Notwendigkeit des nochmaligen Essens vom Baum der Erkenntnis hingewiesen. Das heißt nicht nur, daß das bisherige Bewußtsein nicht verloren geht, sondern daß es erweitert wird. Denn was für einen Sinn hätte es, vom nochmaligen Essen vom Baum der Erkenntnis zu sprechen, wenn es etwa nur um eine Art Nachbehandlung für das Bewußtsein ginge, das man seit dem „Sündenfall" schon besitzt. Es muß sich also bei Kleist um ein anders geartetes Bewußtsein handeln, um ein Bewußtsein, wie es sich dann in Nossacks

‚Das Mal' im Lächeln des Toten ausdrückt und das, weiterwirkend, im Beschauer die Vision einer Landschaft hervorruft, die ist, wie sie „sein soll". Den Erzähler in ‚Das Mal' versetzt das Lächeln des Toten in eine Art intuitive Entrückung, bei welcher er aber voll bewußt bleibt. Auch Kleists Erzähler im ‚Marionettentheater' wird als im Moment des Begreifens „zerstreut" beschrieben, als den sonst gültigen Automatismen der herkömmlichen Logik entrückt. In Kleists Abhandlung wird gesagt, man müsse erst die Reise um die Welt vollenden – eine kreisförmige Bewegung – und in Nossacks Buch sind es Spiralen, fünf Kreise, fünf aufsteigende Möglichkeiten, im Nicht-Versicherbaren zu einem neuen, umfassenderen Bewußtsein zu kommen.

Wie gesagt, es sind Möglichkeiten. Doch man ahnt, daß Nossacks stehend Erfrorener zum zweiten Mal vom Kleistschen Baum der Erkenntnis gegessen hat.

‚Der jüngere Bruder'

Nossacks Prosa hält sich konsequent an die Erzählperspektive, d. h. die Inhalte werden nicht dramatisierend gegenwärtig gemacht, sondern sie erreichen uns aus zweiter, dritter oder gar vierter Hand als Berichte. Die erzählerische Grundhaltung ist zwar das wesentliche Element der Epik, doch fehlt bei Nossack die sogenannte epische Breite. Man findet bei ihm keine Beschreibungen einer Landschaft, eines Schauplatzes oder anderer Milieu-Kulissen. Wenn er einmal beschreibt, so sind es Ausschnitte, wesentliche, an der Handlung beteiligte oder sie intensivierende Besonderheiten, wie das Bild an der Wand des Eßzimmers in ‚Nekyia', die mythische Heidelandschaft im ‚Untergang' oder die „Landschaft" im Gesicht des Toten in ‚Das Mal'. Mit der Außenwelt haben diese Beschreibungen nichts zu tun. Sie sind bildliche Darstellungen eines geistigen oder seelischen Zustands.

Über die Personen in ‚Das Mal' hätte sich ein weitausholender Roman schreiben lassen, ein Panorama der Ursachen und Wirkungen, um zu erklären, warum sich die einzelnen Expeditionsteilnehmer auf diese Reise ins Nichts eingelassen haben. Aber Nossack interessierte sich nur für Wirkungen und setzte die Ursachen als ,,wie-auch-immer" voraus. Seine Grenzsituationen sind ja durchweg bereits erfolgte Zuspitzungen im Leben seiner Personen, die es nun durch irgend eine Art der Grenzüberschreitung zu bestehen gilt.

Im Jahre 1955 erschien einer der erfolgreicheren Romane Nossacks, ‚Der jüngere Bruder'. In einem aufschlußreichen Nachwort für eine erweiterte Taschenbuchausgabe des Romans (1973) analysiert Christof Schmid den Schaffensprozeß, dem dieser Roman seine Entstehung verdankt. Und was für die Entstehung von ‚Der jüngere Bruder' zutrifft, ist typisch für Nossacks Werk überhaupt: Was unter einem gemeinsamen Bucheinband vereint vorliegt und sich als Roman bezeichnet, ist häufig eine Zusammenstellung verschiedener Arbeiten, nebeneinander oder nacheinander entstanden – schon ‚Spirale' war dafür ein typisches Beispiel. So sind der Taschenbuchausgabe des ‚Jüngeren Bruders' erstmalig drei Kapitel angehängt, die Nossack ursprünglich weggelassen hatte, mit den Überschriften ‚Der Gast', ‚Im Atelier' und ‚Der Brief'. ‚Der Gast' wurde gar auf Anraten des Verlegers Peter Suhrkamp aus der ersten Auflage 1955 weggelassen, weil er meinte, daß der Autor darin zu viele Werkstattgeheimnisse preisgebe. Seit Nossacks Tod im Jahre 1977 sind gerade solche intimeren Einblicke interessant und, wenn man die schwere Verständlichkeit mancher Nossack-Bücher bedenkt, auch notwendig. In ‚Der Gast' kommentiert der Autor sein eigenes Buch ‚Der jüngere Bruder', gibt Hinweise auf den Inhalt und die Hauptidee, weist auf Parallelen hin im bisherigen Gesamtwerk und stellt auch Bezüge her zu seinem eigenen Leben.

Die Hauptfigur des Romans hat, wie schon erwähnt, den gleichen Namen wie der Student in ‚Die Schalttafel' (Spirale II), Stefan Schneider. Er ist inzwischen Dr. ing., Chefingenieur und ,,Schwiegersohn der Superior Oil Company", d.h. er hat die schöne Tochter des steinreichen Besitzerehepaars geheiratet, in Hamburg. Zwei Jahre nach seiner vorteilhaften Eheschließung ging Schneider im Auftrag der Firma nach Brasilien, während die Frau, vom gesellschaftlichen Leben ganz ausgefüllt, gern in der Nähe der Eltern in Hamburg blieb. Inzwischen bricht der zweite Weltkrieg aus, und Stefan Schneider, geschützt durch die gespielte Rolle des erfolgreichen Geschäfts- und Ehemannes und außerdem von den widrigen Zeitumständen begünstigt, kann nun zwecks geologischer Untersuchungen für die Firma im „Nichts" verschwinden, im brasilianischen Dschungel.

Niemals sonst in seinem Werk hat Nossack so deutlich darauf hingewiesen, wie sehr Werk und Autor identisch sind; im Wesentlichen, nicht im „Romanhaften": Stefan Schneiders „... Leben gleicht übrigens dem meinigen, von dem hier nicht die Rede zu sein braucht, immer vorausgesetzt, daß man von allem Romanhaften absieht." (Taschenbuch, 253) Das Romanhafte ist für diesen Autor das Zufällige, Unverbindliche, Folgenlose, alle die äußerlichen Lebensumstände und Geschehnisse, die auswechselbar und ohne Bedeutung sind. Was uns Nossack anbietet, ist nicht das Private, das uns nichts angeht, sondern persönlich verarbeitetes Leben. Von Schneider wird berichtet, er habe sich bereits als Sechzehnjähriger entschlossen, der repressiven Übermacht der Mutter durch scheinbare Anpassung bei gleichzeitiger innerer Distanzierung zu begegnen. Welcher Art nun die häuslichen Querelen oder Spannungen gewesen sein mögen, ist in Nossacks Sinne unwichtig und „romanhaft". Wichtig ist nur der Entschluß als solcher und die „unerbittliche Konsequenz", mit welcher der junge Mensch seine Rolle durchhielt. „Er trennte sich von einer Hälfte seines Wesens [der „jüngere Bruder"], die den Angriffen seiner Umwelt ausgesetzt war und die zu schützen er sich anscheinend zu schwach fühlte. Ich nehme an, daß er sich in einer furchtbaren Gefahr befand, denn sonst trifft man solche Entscheidungen nicht. Sein Leben war von diesem Augenblick an eine Flucht ohne ein Ziel." (252) Nossack meint, man könne ein gutes

Dutzend Romane schreiben über die Konflikte, die so ein „halber Mensch" in seiner Umgebung auslösen dürfte. Doch das interessiert ihn nicht. Ihn fasziniert nur die Richtung, welche diese Flucht einschlägt: „Stefan Schneider floh in die Armut; er floh in die Arbeit und floh in den Erfolg [...] Er floh in die Ehe und für kurze Zeit in eine Art geregelten Daseins. Sogar in einen gewissen Wohlstand. Alle hielten ihn für glücklich. Von da floh er unter einem beruflichen Vorwand ins Abenteuer oder in die Wildnis, d. h. ins Innere Südamerikas. Dort hielt ihn der Krieg länger auf, als es wohl sonst der Fall gewesen wäre. Er floh sogar ins Gelbe Fieber [...] Unterdessen kam seine Frau hier ums Leben." (252)

Die kurze Ehe der Schneiders war eine höfliche, wohltemperierte Sache gewesen: „Außer daß ich mit ihr verheiratet war, hatte ich keine Beziehung zu meiner Frau und sie nicht zu mir. Sie war jung, schön, wohlhabend und spielte eine Rolle in der Gesellschaft, die sie ausfüllte; sie eignete sich gut für große Empfänge und für Abbildungen in den illustrierten Zeitschriften. Ich gehörte zur Ausstattung und mehr wollte ich auch nicht sein; es wäre Anmaßung gewesen, ein so fertiges Glück korrigieren zu wollen." Die Tatsache, daß man mit dieser Frau ein Kind hatte, bedeutete auch nichts weiter: „... es genügt, sich zu umarmen." (275) Der so kühl berichtende Stefan Schneider meint, daß er schon zu lange bei seiner Frau geblieben sei, denn seine nach dem Außerhalb tendierende Gegenwart mache das „abstrakte Gehäuse" einer solch unwirklichen Existenz brüchig.

Da der jüngere Bruder in dem nach ihm benannten Roman, wenn nicht die Hauptrolle, so doch das große Thema darstellt, mit dem sich die wichtigen Figuren jede auf ihre Weise auseinandersetzen, hat ihm Nossack einen Namen gegeben: Carlos Heller. Ohne diesen Namen bliebe er nur eine abstrakte Idee, während er nun jemand ist, an den sich die Romanfiguren erinnern können, weil sie, sei es nun Einbildung oder nicht, mit ihm im Künstler-Café Aporée gesprochen haben oder sein Klavierspiel dort bewunderten, oder weil sie, wenn es sich um

Frauen handelt, ihn liebten und doch wußten, daß man ihn nicht besitzen kann, daß er allen und niemandem gehört. Auch Stefan Schneiders Frau hatte den schönen und doch unschuldigen Carlos bei sich gehabt und war nach seinem Fortgehen von einem Gefühl schwindelerregender Leere erfaßt worden und vom Balkon gefallen. Zum gleichen Zeitpunkt war Carlos ihrem im Gelben Fieber phantasierenden Mann im brasilianischen Dschungel erschienen. Dies wird berichtet, als sei es das Selbstverständlichste von der Welt. Was es ja vielleicht auch ist. Denn wenn es eines Beweises bedurft hätte, daß der jüngere Bruder, hier Carlos Heller genannt, keine Person sondern eine personifizierte Idee ist, – mit seiner gleichzeitigen Gegenwart in Hamburg und in Brasilien wird dieser Beweis erbracht.

Das große Thema dieses Romans ist Stefans Schneiders Suche nach seinem jüngeren Bruder, den er nie findet, der nie in Erscheinung tritt, von dem überall gesagt wird, er sei gerade dagewesen. Nur dem aufmerksamen Leser wird aufgehen, daß es den jüngeren Bruder gar nicht konkret gibt, daß dieser Name Carlos Heller nur eine Chiffre ist für die höheren Möglichkeiten Stefan Schneiders, von denen dieser sich als Sechzehnjähriger trennte, um sie vor dem Zugriff des matriarchalischen Sozialisierungsprozesses zu schützen. Den erwachsenen Stefan Schneider treibt die Sehnsucht nach dem verlassenen Teil seiner selbst aus dem Dschungel nach Deutschland zurück. Seine Suche bringt ihn mit ungewöhnlichen Menschen zusammen, die gleich ihm von der Sehnsucht nach ihrem „Carlos" erfaßt wurden, d. h. die gleich ihm nach ihrem unverwechselbaren Wesen suchen. Stefan Schneiders Suche führt ihn über Jena, Elternhaus und Besuch bei einem verspießert braven Bruder nach Hamburg zurück. Dort bezieht er, der als „Schwiegersohn der Superior Oil Company" luxuriös leben könnte, ein einfaches Zimmer, das ihn entzückt, weil es weder guten Geschmack noch Prestige vortäuschen will. Das Mobiliar besteht aus absichtslos zusammengeschobenem Gerümpel. Die Atmosphäre ist echt. In diesem Milieu grotesken Plunders – Nossack verabscheute die Sterilität „geschmackvoll" erlesener Einrichtungen – findet Stefan Schneider zu sich selbst: ,,Ich sitze hier nachmittags am Tisch und bin ganz bei mir." (224) Das heißt, das Ziel ist erreicht, ,,Carlos Heller" ist gefunden! Doch Nossack, seiner stilistischen Devise treu, verzichtet auf Fanfarenklänge. Der wichtigste Satz, die wichtigste Mitteilung des ganzen Buches, wird so nebenbei ,,erledigt". Denn was heißt denn bei sich selbst sein anderes, als, um mit Kleist zu sprechen, die Reise um die Welt vollendet zu haben, bei sich selbst angekommen zu sein.

Daß die Suche nach einer *Person* namens Carlos Heller ein Irrweg war, wird im letzten Kapitel der ursprünglichen Ausgabe des Romans, ‚Das Ende', klar herausgestellt. Es ist gleichzeitig das Nachwort des Herausgebers der Aufzeichnungen Stefan Schneiders und berichtet von dessen tödlichem Unfall und langsamen Sterben. In einer wüsten Kneipe in Sankt Pauli, berichtet der Herausgeber Arno Breckwald, habe Stefan Schneider um Mitternacht den Namen ,,Carlos" gehört. Er habe dann eine uralte Bardame gefragt, wer das sei, und die habe einen jungen Menschen herbeigerufen. Es war nur ein bunter Strichjunge: ,,Da ist der süße Junge." (236) Schneider ist in angespannter Erwartung aufgestanden, doch als er den ,,unrechten jüngeren Bruder" zu Gesicht bekommt, bricht er in lautes Gelächter aus, tritt zurück, um sich zu setzen, fällt nach hinten und schlägt mit dem Kopf auf einem eisernen Gegenstand auf. Das Sterben des tödlich Verletzten dauert sechs Tage und fünf Nächte. Es ist die bewußte Sterbearbeit eines Menschen, der sich um ,,einen eigenen Tod" bemüht.

Der an Kleist gemahnende Kreis wird im ursprünglich ausgelassenen Kapitel ‚Der Gast' ausdrücklich wieder erwähnt: ,,Oder ist es auch so, daß Stefan Schneider den Kreis einmal umschritten hatte, und dann muß man zwangsläufig zum Ausgangspunkt zurückgelangen. Eine Heimkehr kann man so etwas beim besten Willen nicht nennen, es wäre geradezu Blasphemie." (253) Blasphemie? Lästerung? Wo Blasphemie als Möglichkeit empfunden wird, muß es sich um etwas Hohes, geradezu Heiliges handeln, und das ist bei Nossack das sogenannte Nichts, das, wie es an anderen Stellen heißt, nicht das nihilistische Nichts ist, sondern der Freiraum für die höheren Möglichkeiten des Menschen: ,,Eine Bezeichnung für diese Art Wiederkehr [. . .] gibt es offenbar noch nicht. Es hat eher etwas mit dem Nichts zu tun.“ (253) Auch die Idee der Spirale, diese Abwandlung des Kleistschen Kreises, wird hier wieder ausgesprochen: ,,Manche meinen, daß es sich nur scheinbar um einen exakten Kreis handle und daß es in Wirklichkeit eine Spirallinie sei. Dann würde sich der Standpunkt gegen den Ausgang allerdings um einiges verändert haben.“ Und dann kommt auch wieder der typische halbe Rückzieher: ,,Es mag sein, daß es so ist, doch wer will das beweisen.“ (253)

‚Der jüngere Bruder‘ ist leicht zu lesen. Von vielen Dialogen belebt, ist der Stil nicht monologisch im Sinne einer angespannten Monotonie. Es gibt darin mit starken Strichen gezeichnete Karikaturen von Menschen, die sich widerstandslos von ihrem Milieu formen ließen: Stefan Schneiders Bruder in Jena, braver, feiger Lehrer, Suppe-schlürfender Junggeselle in Pantoffeln; oder der reiche Schwiegervater in Hamburg, der den aus Brasilien Zurückkehrenden am Hafen empfängt und dessen Krawatten vor und nach dem Krieg das gleiche Muster haben. Und dann die meisterhafte Darstellung des kühl-korrekten Managers der Superior Oil Company, Dr. Stolling, tüchtig, bestens informiert, zuverlässig wie eine Maschine, ein neuer, amoralischer Menschentyp, ein Eichmann in Zivil, ein internationales Phänomen: ,,Solche Leute wie Stolling gibt es heute überall, in London, in New York, in Sao Paulo und zweifellos auch in Moskau und Tokio. Wenn es nicht wegen der Sprache wäre, könnte man sie ohne Schaden hierhin oder dorthin versetzen, sie würden überall ihre Funktion einwandfrei ausüben.“ (20) Weitaus gefährlicher als der grobschlächtige Klonz ist Stolling, der Repräsentant der ,,modernen Priesterkaste“ des blinden Funktionalismus, die Quintessenz des enthumanisierten Menschen. Die Hände sind ,,gepflegt und anonym“, ein handgreiflicher Mord ist ihnen nicht zuzutrauen, dafür aber ihrem Besitzer etwas viel Unmenschlicheres: ,,Man könnte ihnen zum Beispiel getrost sagen: ‚Gehen Sie doch bitte zum Zuchthausdirektor und sehen Sie zu, daß der und der hingerichtet wird', und sie würden auch sofort hingehen und alles auf diskrete Weise erledigen. Nicht daß sie die gewünschte Hinrichtung selber vornehmen würden, das ist nicht ihre Aufgabe, doch sie würden sich, wenn die Umstände es erfordern, nicht scheuen, sich durch den Augenschein persönlich davon zu überzeugen, daß alles nach Wunsch ausgeführt wurde. Wenn sie dann abends nach Haus kommen, fragt ihre Frau sie vielleicht – ja, sie sind auch verheiratet, wie sich das für einen zuverlässigen Menschen gehört –: ‚Was ist denn heute mit dir, Friedrich? Oder Fred. Oder Frederigo. Hast du Ärger im Geschäft gehabt?' und er wird antworten: ‚Ach, nichts Besonderes. Es war ein anstrengender Tag'." (20–1)

Sarkastisch ist auch die Selbstdarstellung eines Dr. Fritz Breckwald, Inhaber eines Ingenieurbüros, der Stefan Schneider über gar zu viele Seiten hin vorklagt, wie peinlich und kompromittierend es sei, einen aus der Art geschlagenen Bruder, d.h. einen „Künstler" in der Familie zu haben. Es handelt sich um Arno Breckwald, Bankangestellter und neuerdings erfolgreicher Schriftsteller. Auch Nossack war ja vor 1933 Bankkaufmann gewesen. Die Spießer-Klage dieses Mannes, die den Großteil des Kapitels ‚Die Brüder' ausmacht, ist für den Roman, in den sie eingebaut wurde, ganz überflüssig. Die eigentliche Handlung, die Suche nach dem jüngeren Bruder, gerät darüber in Vergessenheit. Wenn man will, kann man sowohl Arno Breckwald als auch Stefan Schneider mit Nossack identifizieren: Breckwald als den real existierenden Autor in Hamburg, Schneiders Suchen und Finden als Projektion eines persönlichen Ziels.

Nach dem letzten Aufstand

Im Jahre 1961 erschien ‚Nach dem letzten Aufstand', ein „Bericht" über scheinbar entlegene Dinge, von dem man sicher sein konnte, das er kaum Resonanz finden würde. Der Autor des Klappentexts muß geahnt haben, daß dieses Buch wegen des völligen Fehlens irgendwelcher Konzessionen an den aufgeregten Zeitgeist der sechziger Jahre gar zu „unzeitgemäß" wirken würde: „Nossacks neuer Roman stellt keine geringeren Ansprüche an den Leser als seine vorangegangenen Bücher". Es stellt sogar höhere Ansprüche als manches vorher, denn Tageswirklichkeit und mythische Wirklichkeit gehen nun wieder nahtlos ineinander über. Die Tageswirklichkeit erhält dadurch die paradoxe Entrücktheit eines naturalistischen Bühnenbilds, während die mythische Wirklichkeit trotz des Verzichts auf die Darstellung von Einzelheiten den Eindruck nüchterner Konkretheit erweckt.

Der Verlag hatte sich klugerweise auf den Druck von nur dreitausend Exemplaren beschränkt. Der Einzelgänger und seine Wahrheit lösten meistens Ärger und achselzuckendes Bedauern aus. Ein verärgerter Rezensent schrieb vom bedauerlichen Nachlassen des Sprachgefühls, dichterischem Substanzverlust und überflüssiger Verschlüsselung.[14] Ein anderer meinte, eine gewisse Vertrautheit mit Nossacks Werk sei unerläßlich, wenn man dies neue Buch verstehen wolle. Er sah eine zunehmende Schwierigkeit für das neuere Werk dieses Autors überhaupt: „Seine Bücher gelten in zunehmendem Maß als schwer zugänglich, rätselhaft, kryptisch. Sie sind es, weil Nossack die andeutenden Hinweise in immer komplexere Bilder und Gleichnisse faßt."[15] Wieder ein anderer meinte, die Bilder dieses Romans ergäben nur ein „wunderlich-krampfhaftes Phantasiegebilde, dem keine Überzeugungskraft" verliehen sei.[16] Doch ein anderer Kritiker meint, daß gerade die komplexeren Bilder den Leser zur inneren Mitarbeit anregten: „Wenn man sich mit dem Buch einläßt, spürt man, daß es etwas in einem verändert."[17]

Das Buch beschreibt keine Handlung, sondern eine Situation. Es ist die Situation der Überlebenden einer Katastrophe. Sie leben in einer Gesellschaft, die von der Katastrophe und dem, was vorher war, nur weiß, was ihr von den neuen Machthabern mitgeteilt wird. Die Katastrophe war der ,,Letzte Aufstand" gegen ein überlebtes Herrschaftssystem, dessen Grausamkeit die großen Opfer dieser allerletzten Revolution rechtfertigte. Die neue Gesellschaftsordnung dünkt sich so aufgeklärt, daß die Notwendigkeit zukünftiger Revolten – ganz wie im Idealtraum marxistischer Geschichtsprojektion – angeblich beseitigt worden ist. So ist ‚Nach dem letzten Aufstand' also doch ein politisches Buch, das in die literarische Landschaft dieser Jahre gepaßt hätte? Nur insofern, als es eine Absage an doktrinäre Weltverbesserer darstellt, die glauben, durch organisatorische Manipulation der Verhältnisse der Notwendigkeit eigenen moralischen Wachstums enthoben zu sein. ,,Als der letzte Aufstand vorüber war, stellte sich bald heraus, daß er mißlungen war, da die Aufständischen dasselbe wollten wie die, gegen die sich ihr Aufstand richtete: Macht. Die meisten merkten es nicht; sie fühlten sich nur unbehaglich und fanden sich damit ab. Aber einige, und es waren Siegreiche darunter, gingen abseits und brachten sich um. Sie konnten es nicht ertragen, vergeblich gekämpft zu haben ..." (126) Durch bloßen Macht- und Kostümwechsel ändert sich nichts. Worauf es Nossack ankam, war das Festhalten an einem ,,letzten Gedanken, der alle Moden überdauert".

Was mit diesem letzten Gedanken gemeint ist, zeigt Nossack anhand eines zentralen Erlebnisses innerhalb dieses Romans: Der vermeintlich letzte Aufstand hatte einen Kirchenstaat beseitigt, dessen reaktionäre Priesterbürokratie sich die Herrschaft über die Massen erleichterte, indem sie jährliche Menschenopfer und dergleichen pseudo-religiösen Tamtam beibehielt, ohne selbst daran zu glauben. Mit einem Obsidianmesser wurde jeweils ein junger ,,Gott" geopfert, eine jämmerliche Prozedur, weil weder der Oberste der Diener, der als höchster Staatsfunktionär den Ritualmord selbst ausführen mußte, noch der auserwählte Jüngling an die Wahrheit ihrer Rollen glaubten. Was dies blutige Religionstheater durcheinanderbringt, ist ein junger Mann, der, einmal zum ,,Gott" ausersehen, in die alte Rolle hineinwächst und ein Gott *wird*. Natürlich wird er ein Nossackscher Gott, d.h. ein Mensch, der den Namen in Einklang bringt mit seinem Bild, mit seiner eigenen Wahrheit!

Der Roman ist als ganzes viel zu kompliziert, als daß man auf alle Personen und Motive hier eingehen könnte. Erwähnt werden muß jedoch die Rolle des Zufalls, auf die der fiktive Herausgeber am Anfang hinweist. Die Aufzeichnungen über den jungen ,,Gott" gerieten durch eine Kette unwahrscheinlicher Zufälle in die Hände des Herausgebers, der sie dann druckt, um es wiederum dem Zufall zu überlassen, ob irgendwo jemand die ,,Nachrichtenübermittlung" von der Möglichkeit des Menschen aufgreift. Der Zufall wird hier als eine Art unerkennbare Gesetzmäßigkeit verstanden. Der Herausgeber fühlt sich bestärkt durch die Tatsache, ,,daß auch die neueste Physik den Zufall in äußersten Grenzfällen wieder einführt, ohne sich vielleicht der Konsequenzen bewußt zu sein oder den Mut zu haben, sie zu ziehen. Denn dem Herausgeber als einem in solchen Dingen nicht geschulten Kopf will es scheinen, daß, wenn es nur einen einzigen Zufall gibt, alles Zufall ist, auch das Gesetz oder das, was man dafür hält." (9) Der Zufall wird hier zur Laufmasche im Gewebe physikalisch-philosophischer Sicherheiten. Das traditionelle Weltbild wird anfällig; größere Durchlässigkeit für Neues kündigt sich an, ,,zum Durchgang für Ewiges", wie es schon in ‚Der Untergang' hieß. Doch auch die Aufzeichnungen bestehen aus Worten und leiden an der Unfähigkeit dieses Kommunikationsmittels, an den Kern der Wahrheiten heranzukommen. Auf das Unausgesprochene legte Nossack den größten Wert: ,,Das ist wie mit einem Wald. Er rauscht und auch der einzelne Baum rauscht, wenn ein Wind weht. Die Blätter fallen eines Tages ab und verfaulen, das ist selbstverständlich. Und den Baum und den ganzen Wald wird man eines Tages umhauen, da er im Wege ist und da man Platz braucht. Dagegen ist nichts zu sagen. Aber das Rauschen bleibt." (56)

Wenn es eines Beweises bedürfte, daß Nossack wirklich ohne Rücksicht auf Publikumswirkung schrieb, so ließe sich kein besseres Beispiel finden als die 1964 erschienene Erzählung ‚Das kennt man‘. Nossack hat hier sein Prinzip des Verschweigens so weit getrieben, daß auch die vielen Andeutungen auf mögliche Zusammenhänge nicht ausreichen. Man ertappt sich dabei, wie man das Buch hilfesuchend nach bekannten Nossack-Motiven durchkämmt. Man findet sie auch, nur helfen sie einem nicht weiter: „Die Beliebigkeit und Disparität der Motive lassen eine poetische Wirklichkeit, der man eine Eigengesetzlichkeit nachrühmen dürfte, überhaupt nicht entstehen.“[18]

‚Das kennt man‘ ist der Bericht einer sterbenden Sankt-Pauli-Dirne. Ein Student hat Nachtwache bei ihr und schreibt alles auf, was sie ihm pausenlos redend erzählt. Eine Nacht dauert der Redefluß. Gegen morgen stirbt das Mädchen. Ein kurzes Vorwort des Studenten gibt die Erzählsituation wieder, wobei auch das wichtige Element des Zufalls erwähnt wird. Es war Zufall, daß bei der Sterbenden ein Mensch saß, dem das Erzählte wichtig genug schien, die mitgebrachten Bücher beiseite zu legen, das monotone „Gerede“ aufzuschreiben und später herauszugeben, „obwohl es ganz und gar nicht zu seinen beruflichen Aufgaben paßte“. (10) Das Mädchen stammt von der anderen Seite eines Flusses, und es ist bemerkenswert, wie sehr sich die Einschätzung dieser entrückten Region seit der Erzählung ‚Am Ufer‘ gewandelt hat. Die Sterbende warnt den Studenten davor, in Augenblicken des Überdrusses zu meinen, die andere Seite stelle eine Alternative dar. Es sei dort keineswegs schöner als hier. In ‚Das kennt man‘ und auch in den späteren Romanen ‚Der Fall d'Arthez‘ und ‚Die gestohlene Melodie‘ stellt sich die andere Seite als Ort des matriarchalischen Konformismus dar. Schon in ‚Die Begnadigung‘ hatte sich dieser Wechsel in der Einschätzung der anderen Seite angekündigt. Die Grenzen zwischen all den Ufern, entlegenen Regionen und abgekapselten Strafinstitutionen werden ungewiß, wenn man sie von einem Nossack-Werk auf das andere zu übertragen sucht. Sie haben ihre spezifische Gültigkeit vorerst innerhalb des Werkes, dem sie entstammen. Die einzige räumliche Bezeichnung, die mit Sicherheit bestehen bleibt, ist diejenige, in der es keine Sicherheiten gibt: der Zwischenraum. Denn es handelt sich da um keinen ,,Raum", sondern um einen Zustand: um den Zustand des Remigranten, sei es ,,hier" oder ,,dort".

In bezug auf den Inhalt genüge der Hinweis, daß sich Nossack hier der Sage der griechisch-antiken Dichterin Sappho bedient, die er, stark abgeändert, als Parabel gebraucht für den Konflikt zwischen matriarchalischer und patriarchalischer Tendenz. Was den anfänglichen Ärger über die erzählerische Fehlleistung des Ganzen überdauert, ist die Dringlichkeit des Anliegens bei dieser Nachrichtenübermittlung, die trotz allem dem Monolog eine seltsame Gespanntheit verleiht.

,Das Testament des Lucius Eurinus'

Die Erzählung ,Das Testament des Lucius Eurinus' (1964) ist eine ,,nahtlose" Arbeit. Die Gedankengänge sind von essayistischer Dichte, das Sprachniveau hoch, ohne ,,gehoben" zu wirken. Die 93 Seiten lassen sich mühelos und ohne Unterbrechung lesen, nicht zuletzt deshalb, weil in diesem Text einmal keine mysteriösen Begriffe vorkommen und der Leser nicht mit frappierenden Seltsamkeiten konfrontiert wird. Karl Krolows Beurteilung des Nossackschen Stils als ,,klarlinige Prosa" trifft hier ohne Einschränkung zu.[19] Die kompositorische und stilistische Klarheit dieser Erzählung hängt damit zusammen, daß sich Nossack vor allem in späteren Werken von den rollenbedingten sprachlichen Eigenheiten seiner erzählenden Figuren leiten ließ. In diesem Fall hat man es mit einem hohen römischen Beamten zu tun, dessen Bildung und Vorliebe für rationales Denken sich nicht in einer vieldeutig diffusen, sondern nur in einer eindeutigen, klarlinigen Prosa äußern kann. Dieser

Staatsbeamte, Lucius Eurinus, ist von Amts wegen mit der Unterdrückung einer lästigen neuen Sekte betraut, der fanatischen Christenbewegung, die wegen ihrer „Götterlosigkeit" als nihilistisch und ordnungsgefährdend angesehen wird. Problematisch wird die Sache für den Beamten erst, als ihm seine Frau beiläufig mitteilt, daß auch sie zu den Christen übergetreten sei. Nun meint man als Leser, es könne sich jetzt nur noch um den bekannten Konflikt zwischen privater Loyalität und öffentlicher Pflicht handeln, um die bühnenwirksame Frage, ob der Mann seine Frau und ihre neuen Genossen verfolgen soll oder nicht, oder nur die Glaubensgenossen, aber nicht seine Frau, weil sie das Glück hat, seine Frau zu sein, oder weder seine Frau noch seine Glaubensgenossen, weil diese das Glück haben, seine Frau zu den ihren zu zählen. Doch was einem kleinen Funktionär als unlösbarer Konflikt erschienen wäre, ist dem weltmännischen Beamten eine Bagatelle. Was ihn dennoch dazu treibt, sich das Leben zu nehmen und das vorliegende „Testament" zu hinterlassen, ist etwas Tieferes: Er war entsetzt darüber, daß seine konvertierte Frau so mühelos das Vertrauensverhältnis zu ihrem Mann beiseiteschob und ihre natürliche Menschlichkeit vergessen konnte. Gewiß, sie war auch weiterhin eine vorbildliche Ehepartnerin, aber, das wurde bald offenbar, nur weil ihre „Unsrigen" es ihr befahlen, und die wiederum befahlen es ihr nur, weil irgendwelche Vorschriften der neuen Lehre verlangten, daß man als Christ auch dem nichtchristlichen Ehepartner gegenüber die ehelichen Pflichten zu erfüllen habe und überdies, wenn nötig, auch seine Feinde lieben solle. Anfangs hatte Eurinus versucht, mit seiner Frau von Mensch zu Mensch zu reden: „Wäre es nicht richtiger, wir lassen deinen Glauben erst einmal aus dem Spiel und reden wie zwei Eheleute miteinander?" (14) Doch die Frau war seiner Stimme nicht mehr erreichbar, ein Opfer der blind machenden, die menschlichen Reaktionen paralysierenden Ideologie ihrer Glaubensgenossen: „Statt nach natürlichen Regungen, Vernunft und Ehrfurcht vor dem Leben zu handeln, entledigen sie sich durch Berufung auf abstrakte Lehrsätze aller persönlichen

Verantwortlichkeit." (13) Auch hier erscheint das ,,andere Ufer", diesmal als geistiger Ort der Selbstaufgabe des Individuums an ein Gehorsam heischendes Kollektiv. Deshalb empfand Eurinus die Worte seiner Frau, welche ihm nur noch die Denkschablonen ihrer ,,Unsrigen" zutrugen, ,,wie ein Zuwinken vom anderen Ufer herüber". (36)

,Das Testament des Lucius Eurinus' ist somit ein eminent politisches Buch, denn offensichtlich lassen sich die fanatisierten Christen darin beliebig auswechseln mit Angehörigen jeder anderen rechthaberischen Bewegung, sei ihre Ideologie nun ,,religiösen" oder ,,politischen" Ursprungs – was auf das Gleiche hinausläuft, wenn man Nossacks Essays liest. Daß sich mancher Ideologie-Nachbeter über Nossack ärgerte und ihn einer ,,bundesdeutschen Unternehmerideologie" verdächtigte, zeigt immerhin, wie sehr er mit seiner Charakterisierung solcher Leute recht hatte.[20] Lucius Eurinus hat durch die persönlichen Erfahrungen mit seiner Frau und durch seine beruflichen Erfahrungen als amtlicher Christenverfolger einen guten Einblick in die Taktiken und die Mentalität der Sektierer. Lange ehe die andern Mitglieder der herrschenden Gesellschaftsschicht, der auch er angehört, überhaupt ahnen, worum es geht, weiß er schon, daß der Sieg der fanatischen Bewegung nicht aufzuhalten ist. Als Grund dafür sieht er einerseits die zunehmende Substanzlosigkeit und innere Schwäche der ihm gewohnten Gesellschaftsstruktur, und andrerseits weiß er sehr wohl, daß die berechtigte Unzufriedenheit der ärmeren Schichten in den Provinzen Roms nach Ausgleich drängt, nach Machtzuwachs im wirtschaftlichen und politischen Bereich. Er sieht voraus, daß die Unzufriedenheit der sogenannten kleinen Leute ausgenützt werden wird von der Führerelite der Christenbewegung, der es, auch wenn sie unter ganz anderen Vorzeichen angetreten ist, letzten Endes nur noch um die Ausübung der Macht geht, ganz gleich wofür. Die Führerelite wird die Massenbewegung, die sie ins Leben ruft, wieder drosseln müssen, sobald das Ziel der Machtergreifung erreicht ist: ,,Auch die Atheisten [= Christen, weil sie die römischen Götter nicht anerkennen], die sich aus taktischen Gründen auf die Massen stützen, werden diese über kurz oder lang durch grausamste Diktatur und inhumansten Dogmatismus wieder unter ihre Herrschaft bringen müssen und sich damit selbst entlarven." (90) Aus diesen Worten spricht deutlich die Enttäuschung des einstigen Kommunisten über den Verlauf der Russischen Revolution, und was er an fanatisierten jungen Menschen im Deutschland der sechziger Jahre zu sehen bekam, war nicht geeignet, ihn in bezug auf die Zukunft optimistischer zu machen. Nossack und sein Eurinus sind sich auch darüber im klaren, daß im Verlauf der Konfrontationen zwischen beharrenden und verändernden Kräften die Staatsmaschine enorm anwachsen wird. Der anonyme Apparat wird zur eigentlichen Macht, und am Ende geht es den Kontrahenten nur noch darum, die Hebel des administrativen Monstrums in die Hand zu bekommen. In Reden und Essays kam Nossack häufig auf dieses Thema zurück.

Wie wenig das Denken und die Motivation der Gründer einer Bewegung mit dem Gebetsmühlen-Ideologismus ihrer Anhänger zu tun hat, zeigt Nossack in dieser Erzählung durch ein Gespräch, das er den Christenverfolger Eurinus mit einem Bischof der Christen führen läßt. Von ganz verschiedenen Voraussetzungen ausgehend sind ihre Gedanken unvereinbar. Kompromisse wären gar nicht möglich. Was sie aber von ihren jeweiligen Anhängern unterscheidet, ist die hohe Achtung, die sie der Gesinnung des Gegners entgegenbringen. Sie sind als Menschen bescheiden genug, die andere Meinung als eine ebenfalls mögliche Wahrheit gelten zu lassen und sich von der arroganten Rechthaberei ihrer Anhänger zu distanzieren. Im *Wahr*nehmen der Wahrheit des andern erfahren die beiden Menschen eine Bestärkung der eigenen: „Man bespricht sich zuweilen mit einem andern, sagte [der Bischof], aber doch nur, um die eigene Stimme deutlicher zu hören und ihr dann zu folgen." (78–9)

Die Ehrfurcht der beiden Andersdenkenden ist das positive Element dieser Erzählung. Menschen wie sie suchen keine Gesinnungsgenossen sondern solche, die ihrer eigenen Wahrheit folgen. Ihre Wahrheit bedarf keiner zahlenmäßigen Bestätigung. In der Tat, Eurinus' Hinweis, daß die Christen zweifellos die Macht erringen werden, erschreckt ihren Bischof zutiefst, weil er weiß, daß dann der Gesinnungsterror ausbricht. Vor dem Staatsbeamten Eurinus aber, dessen Tribunal ihn gerade vor der Unterredung zum Exil verurteilt hat, verneigt sich der alte Bischof, denn er nimmt wahr, daß er in ihm einen Menschen vor sich hat, der weder menschliche noch institutionelle Hilfe nötig hat, weil er – wie schon Stefan Schneider in ‚Der jüngere Bruder' – ganz bei sich selbst angekommen ist. Der Bischof erkennt dies, weil er den Lucius Eurinus von Wesen umgeben sieht, die weder mit seinem christlichen Gott noch mit den Göttern Roms etwas zu tun haben: „Ja, ich sehe es. Verzeihen Sie, ich sehe es deutlich. Ich sehe die Unsterblichen hinter Ihnen und um Sie herum, und wie sie sich ihrer Unsterblichkeit freuen, weil einer da ist, der sich ihrem Schweigen anvertraut. Mein kleines zeitliches Gebet vermag dagegen nicht aufzukommen. Ich kann mich nur vor Ihnen verbeugen." (88)

Ganz wie Nossacks Orest, der sich in beredtes Schweigen hüllt, will Lucius Eurinus durch seinen Selbstmord in das absolute Schweigen vorstoßen. Damit glaubt er dem allgemeinen Geschrei, das er näherkommen hört, am wirksamsten zu begegnen. Der Freitod wird hier zur positiven Tat; die rechthaberischen Ideologen bleiben sich selbst überlassen: „Ihr Feldgeschrei findet dort kein Echo mehr und wandelt sich zu einem Stöhnen über die Langeweile. Ihr Sterben wird dann ein Akt der Verzweiflung sein.

Der freiwillige Tod des Einzelnen aber ist ein Bekenntnis zum Leben." (100)

‚Der Fall d'Arthez'

Im Jahre 1968 erschien der Roman ‚Der Fall d'Arthez', der bei der Kritik unterschiedliche Reaktionen hervorrief: unsachliche

Verdammung und vorsichtiges Lob. Im ganzen scheint die Beurteilung im Ausland besser ausgefallen zu sein. Immerhin wurde dieser Roman in acht Sprachen übersetzt, und Nossack wies gern darauf hin, daß der d'Arthez in Ländern des Ostblocks sein erfolgreichstes Buch sei. Er meinte, das liege wohl daran, daß die Zensurbehörden annahmen, es handle sich dabei nur um eine Verulkung repressiver Tendenzen in der bürgerlichen Gesellschaft der Bundesrepublik Deutschland, während ost-europäische Leser wohl entzückt waren zu lesen, mit welcher Überlegenheit hier eine Staatssicherheitsbehörde lächerlich gemacht wird. Zustimmung erweckte gewiß auch die durchgehende Satire auf die Automatismen sozialer Zwänge und großbürgerlicher Verhaltensweisen und die Leichtigkeit, mit welcher sich der berühmte Pantomime d'Arthez im Minenfeld offiziellen und privaten Argwohns bewegt haben soll. Doch ist die Verulkung staatlicher Institutionen nicht das Hauptanliegen dieses Buches, sondern wieder die Hauptthemen: Grenzüberschreitung und Remigration.

‚Der Fall d'Arthez' ist ein Romangebilde, dessen Komplexität, meint Manfred Durzak zu recht, noch über Heinrich Bölls ‚Gruppenbild mit Dame' hinausgeht.[21] In der Tat, es handelt sich um Spiegelungen eines Spiegelbilds von Spiegel zu Spiegel, und es ist die Ungreifbarkeit des Originals, die den Menschen oder das Prinzip, das hier mit „d'Arthez" bezeichnet wird, zum Fall macht.

Die Namen der Hauptpersonen d'Arthez und Louis Lambert entnahm Nossack dem Werk Honoré de Balzacs. In dessen ‚Verlorene Illusionen' spielt ein d'Arthez eine wichtige Nebenrolle als positive Kontrastfigur zum negativen Helden, dem begabten aber korrumpierten Lucien. Beide sind Schriftsteller, und Balzac identifiziert sich mit seinem d'Arthez, weil der sich abseits hält vom käuflichen Literaturbetrieb und schweigend schreibt, und zwar ganz in Nossacks Sinn: ohne Rücksicht auf Erfolg. Die Figur des Louis Lambert entstammt einem Roman dieses Namens aus der frühen Schaffensperiode Balzacs, die man, mit akademischer Verschämtheit in mystischen Dingen, euphemistisch als die „philosophische" bezeichnet. Balzac war damals von Swedenborgs Mystik und von Fragen über die Grenzen des Bewußtseins bewegt, und er stellte seinen Louis Lambert ins Außerhalb, d. h. außerhalb des beengenden Kreises zeitgenössischer Denkgewohnheiten. So sind Balsacs d'Arthez und Louis Lambert, jeder auf seine Weise, Außenseiter ihrer Gesellschaft und verdeutlichen durch ihre literarische Existenz die konfliktreiche Beziehung ihres Schöpfers zu seiner Zeit. Das ganz persönliche Verhältnis zwischen Schriftsteller und literarischer Figur wird im Falle Louis Lambert besonders deutlich, wenn man erfährt, daß der Erzähler des Romans und sein Freund Lambert als Schüler an Balzacs eigener Schule dargestellt werden, zu einer Zeit, als er selbst dort Schüler gewesen war, im Jahre 1808. Beide Figuren sind Selbstdarstellungen von Balzacs eigenen Möglichkeiten, Grenzen und Projektionen. – Warum so viele Zeilen über Balzac? Weil für Nossack der große Franzose zu den „Unsterblichen" gehörte; weil ‚Der Fall d'Arthez' nicht zuletzt auch als ein Bekenntnis zum geistigen Außerhalb-Stehen Balzacs zu verstehen ist; weil Nossack sein eigenes Außenseitertum als ein analoges Phänomen empfand; und weil er einmal nicht nur über die Nachrichtenübermittlung *schreiben,* sondern sie selbst einmal schreibend *vollziehen* wollte: Durch das Buch ‚Der Fall d'Arthez' kommt der Name, in dem sich für Nossack der unabhängige Geist Balzacs am reinsten manifestiert, wieder unter die Leute.

In Nossacks Roman finden sich gewisse Ähnlichkeiten mit der Situation in Balzacs ‚Louis Lambert', denn im Laufe der Handlung wird erzählt, d'Arthez und Lambert seien schon als Schüler befreundet gewesen, damals allerdings noch unter ihren bürgerlichen Namen Ernst Nasemann und Ludwig Lembke. Dafür daß auch Nossack sich mit seinem d'Arthez identifizierte, fand sich ein aparter Beweis: Nossack bedeutet auf polnisch „Nasemann". Schon in der Jugend wählten sich die beiden Freunde ihre Leitbilder aus dem Werk Balzacs und nannten sich von nun an d'Arthez und Lambert. Durch die Wahl dieser Leitbilder stellten sie sich außerhalb ihres angestammten Rahmens von Familie und Gesellschaft. Nun kam es darauf an, dem hohen Anspruch der Leitbilder gerecht zu werden, eine schwere Aufgabe für beide. Nach der Schulzeit verloren sie sich vorerst aus den Augen.

Während Lembke-Lambert der Sohn armer Leute war, hatte Nasemann-d'Arthez damit rechnen dürfen, eines Tages als reicher Teilerbe der weltberühmten NANY-Werke (Nasemann-Nylon) in Dresden eine gesicherte Existenz vor sich zu haben. Zur Enttäuschung, ja Empörung seiner Familie setzt er diese schöne Aussicht aufs Spiel, indem er unter seinem angenommenen Namen Kabarettist und Pantomime wird. Es ist die Zeit der Machtübernahme durch die Nazis, und d'Arthez, im Hochgefühl seiner vom Leitbild suggerierten inneren Unabhängigkeit, läßt es sich nicht nehmen, die Person des Führers Adolf Hitler sowie die erzwungene „JA"-Wahl des Jahres 1933 pantomimisch zu verulken. Selbstverständlich wird er festgenommen und von der Gestapo verhört. Man zeigt sich wenig beeindruckt von seinem Argument, daß es nicht seine Schuld sei, wenn die Leute seine gewissenhaft korrekten Imitationen des Führers komisch fänden. Die zwölf Jahre des Nazi-Regimes verbringt er im Konzentrationslager. Dort lernt er, notgedrungen, seine innere Unabhängigkeit nicht stolz zur Schau zu tragen. Übrigens trägt d'Arthez im Konzentrationslager die gestreifte Häftlingskleidung aus dem haltbaren Stoff, mit dem die NANY-Werke das Regime beliefern. Die guten Beziehungen zum Regime ermöglichen eine Übersiedlung der gesamten Produktionsstätte von Dresden nach Frankfurt am Main noch vor Kriegsende, wodurch der Fortbestand der unveränderten Firma auch jenseits der kommenden Katastrophe gesichert ist. Mit der penetranten Dauerhaftigkeit des amoralischen Großunternehmens kontrastiert die schmerzhafte Umkrempelung der Persönlichkeit des Ernst Nasemann-d'Arthez. Über die langen Jahre im Konzentrationslager – übrigens die radikalste Form der repressiven „anderen Seite" bei Nossack – verliert der ehemalige Häftling später kein Wort. Was ihm am schlimmsten zusetzt, ist die Zeit danach. In der plötzlichen Regellosigkeit der Stacheldraht-freien Lücke zwischen gestern und morgen, zwischen dem Ende des brutalen KZ-Systems und einer noch nicht wieder konstituierten Ordnung der Nachkriegsgesellschaft, erlebt d'Arthez seine schlimmste Krise: „drei unbekannte, drei der Erkenntnis entzogene, drei sprachlose Monate [...], drei Monate eines traumlosen Nichts, das alle Schreie von jenseits verschluckte."(261) Das Nichts – wie schon erwähnt – ist für Nossack ein konkretes, mit Bedeutung angefülltes geistiges Gebiet, das auch dem sichtbaren „Etwas" erst den rechten Sinn verleiht: „Und wie, wenn das Nichts, über das heute mit so viel trotziger Bangigkeit geschwatzt wird, wenn dies Nichts nun plötzlich mit gütigem Spott rufen würde: Wo wärest Du denn, Du Etwas, wenn ich nicht wäre?" (‚Dieser Andere', 172–3) In diesem Nichts „stirbt" Ernst Nasemann alias d'Arthez und wird, in konsequenter Nachfolge seines Leitbildes, von nun an als d'Arthez alias Ernst Nasemann bezeichnet. Am Ende der drei Monate im Nichts wird d'Arthez von den Amerikanern halbtot aufgefunden. Im Krankenhaus identifiziert ihn seine ehemalige Kabarettkollegin. Jahre danach erzählt sie: „Und er war es, wenn er auch wie ein Gerippe dalag und mit Augen wie bei so einer Ikone von irgendeinem hart mitgenommenen Heiligen. ‚Na, Liebling', sagte ich, ‚dich haben sie ja gehörig durch die Mühle gedreht.' Und da grinste er, er versuchte zu grinsen ...'." (266) Wer in einem solchen Zustand zu grinsen versucht, hat etwas gelernt, was man auf dem Gesicht eines gut genährten Meditanten nicht so leicht finden wird: Humor und Selbstironie.

D'Arthez reagiert auf vorwurfsvolle Fragen amerikanischer Reporter, warum er denn nie von den Schrecken des Lagerlebens berichte, mit gespielt schmerzlicher Überraschung: Er habe immer gemeint, dem Publikum durch seine Pantomimen schon zu viel von seiner persönlichen Wahrheit vermittelt zu haben, und außerdem seien die Erfahrungen seiner Generation bereits für die heute heranwachsende ohne Belang. (251) Was so viel heißt wie: Keine Generation kann sich hinter den Erfahrungen der vorigen verstecken, sondern sie muß sich mit sich selbst angesichts eigener Situationen und Versuchungen auseinandersetzen. Für Nossack ist alles, was sich an der Vergangenheit orientiert, ,,phantasielos", und Phantasie wird definiert als: ,,Die Wahrnehmung dessen, was für nicht möglich gilt". (228) Und es sind immer die summierten Erfahrungen aus der Vergangenheit, die als totes Gewicht den unvoreingenommenen Elan der Auseinandersetzung mit der Gegenwart hemmen. D'Arthez' Schweigen über die Greuel, die er zweifellos erlebt hat, beruht nicht zuletzt auf seinem Wissen, daß sich zukünftige KZ-Schlächter in immer neuen Kostümen einzuschleichen wissen und daß gerade derjenige sie nicht wahrnehmen wird, dessen Augen den Horizont unablässig nach den bekannten Uniformen aus der Vergangenheit absuchen. Bei seinem Verhör durch die Gestapo sagt d'Arthez aus, er habe schon mit vierzehn oder fünfzehn eine oppositionelle Haltung eingenommen. Der Beamte fragt erstaunt: ,,Wieso? Damals gab es die Partei doch noch nicht." Worauf d'Arthez antwortet: ,,Man hat es nur nicht so genannt, aber gegeben hat es sie schon immer. Man sollte viel mehr darauf hinweisen." (293) Was er natürlich meint, ist die immer vorhandene matriarchalische Tendenz zur gesellschaftlichen und geistigen Uniformierung.

Der Erzähler dieses Romans ist ein junger Mann, ein Entwicklungshelfer, der sich, eben ausgebildet, auf einem Schiff befindet, das ihn in sein Bestimmungsland bringen soll. An Bord hat er Muße, gewisse Aufzeichnungen durchzusehen, die er während der letzten Zeit über Erlebnisse gemacht hat, die für ihn so tiefgreifend waren, daß er sein bisheriges Leben abbrach. Durch das gleichmäßige Vibrieren des Schiffes erfährt der junge Mann eine Veränderung seines Tagesbewußtseins ins Traumhafte, Phantasievolle. In diesem Zustand befaßt er sich mit seiner Vergangenheit. Durch das ,,Schüttelsieb der Erinnerung" fällt alles, was nur mit der Fassadenrealität zu tun hat und für den neuen Lebensabschnitt wertlos geworden ist. Was aber im Sieb der Erinnerung hängen bleibt, wird wahrnehmbarer als zuvor: ,,Was bleibt, sind Bilder, die nie fotografiert wurden. Das Vibrieren macht sie sichtbar. Was bleibt, sind

Worte, die nie gesprochen wurden. Das Vibrieren macht sie hörbar." (153)

Bis vor kurzem war der junge Mann Referendar bei der Sicherheitsbehörde in Frankfurt am Main gewesen und war als solcher von seinem Chef, einem Herrn Oberregierungsrat Dr. Glatschke, beauftragt worden, ein Verhör des berühmten Pantomimen d'Arthez in einer Abhörkabine versteckt auf Tonband aufzunehmen. Nach beendetem Verhör, das ihn wegen der überlegenen Antworten des Pantomimen tief beeindruckt hatte, trat er etwas voreilig aus der Abhörkabine, so daß d'Arthez, den Dr. Glatschke soeben überaus höflich zur Tür geleitete, ihn sah und ihm vertraulich zublinzelte. Dies zwinkernde Einverständnis des eben verhörten Mannes machte den jungen Referendar dermaßen untauglich für die Erfordernisse seines bisherigen Berufs, daß er die Beamtenlaufbahn samt Pensionsberechtigung aufgab um, wie schon erwähnt, vorläufig als Entwicklungshelfer seine eigene Richtung zu finden. Was diese Entscheidung geradezu erzwang, war die wachsende Unvereinbarkeit von institutioneller Pflicht und privater Neigung: von Dr. Glatschke zur Bespitzelung eines gewissen Ludwig Lembke alias Louis Lambert beordert, Hilfsbibliothekar und Freund des beargwöhnten d'Arthez, befreundete sich der junge Mann nicht nur mit dem Menschen, den er bespitzeln sollte, sondern auch mit Edith Nasemann, d'Arthez' Tochter. In der Tat, von diesen beiden bekam er die meisten Informationen über d'Arthez, und anfangs sah sich Dr. Glatschke veranlaßt, seinen Untergebenen wegen seiner scheinbar so raffinierten Schnüffelmethoden zu loben. Doch mit Wissen und Mithilfe des einfallsreichen Lembke-Lambert wurde nur Unwichtiges an die Behörde weitergeleitet: „Die Hauptsache ist, daß wir den Leuten etwas zu tun geben. Lästig werden sie erst, wenn man sie sich selbst überläßt." (178)

Als der untauglich gewordene Referendar dann seine Karriere als Sicherheitsbeamter abbrach, ohne sich um die Einhaltung des üblichen Kündigungsrituals zu kümmern, hatte er nicht darüber nachgedacht, in was für einen gefährdeten Zustand ihn seine etwas hastige Selbstbefreiung versetzen würde. Was er an d'Arthez bewunderte und für sich selbst erreichen wollte, war: „Frei zu sein. Ohne Bindung an irgendein Kollektiv." (217) Er konnte nicht ahnen, mit welcher Wucht ihn die Brandungswelle der neuen Freiheit überrollen und vom Sandboden seiner bisherigen Sicherheiten wegreißen würde. Ohne den gewohnten Boden unter den Füßen, ohne die Schwerkraft fester Bezüge befand er sich wie im luftleeren Raum. Er konnte von Glück reden, die schlimmste Prüfung des ersten Tages der Freiheit, den frühen Nachmittag, ohne Selbstmordversuch bestanden zu haben. Ja, der junge Mann bestand sogar das für Nossack Allerschlimmste in dieser Hinsicht, den *Sonntag*nachmittag. Was für den jungen Mann darauf folgte und sich gut für ihn auswirkte, war „die Gnade einer schlaflosen Nacht", dem Leser schon vom Vorwort des Romans ‚Spirale' bekannt: die schlaflose Nacht als ein Läuterungsprozeß, der den Betroffenen mit Zweifeln und Fragen konfrontiert, auf die kompromißlos eingegangen werden muß.

Während dieser gefährdeten Zeit wäre ein tröstendes Liebesverhältnis zu d'Arthez' Tochter Edith Nasemann durchaus natürlich gewesen. Doch der junge Mann, der sich selbst nur als „Berichterstatter" bezeichnet, verzichtet vorerst auf diese bequeme Möglichkeit, sich vom Automatismus dieser gesellschaftlich geradezu empfohlenen Verhaltensweise treiben zu lassen. Dabei waren Edith und er zu dieser Zeit sozusagen verwaist, weil „Onkel Lambert" plötzlich gestorben war. Auch waren die Tochter des d'Arthez und der Berichterstatter füreinander die einzigen Menschen, die von der Persönlichkeit des Pantomimen Wirkungen empfingen und miteinander darüber reden konnten. Trotzdem bestand der junge Mann darauf, den von d'Arthez vorgelebten Aufbruch ins Nicht-Versicherbare nachzuvollziehen. Lambert hatte den Berichterstatter vor diesem Schritt gewarnt, da er von den Gefahren wußte und fürchtete, daß sich der junge Mann vielleicht zu viel zumute – ein Gedanke, der dem Gewarnten später ebenfalls kam.

So steht der Berichterstatter, der sich anhand seiner Aufzeichnungen in seiner neuen Situation zurechtfinden will, im Vordergrund des Romans. Im Hintergrund stehen die Figuren, durch deren Dasein die Entwicklung des Berichterstatters vom Sicherheitsbeamten mit Pensionsberechtigung zum Sucher nach der eigenen Wahrheit vorangetrieben wird. Dies sind vor allem Lambert, Edith selbst mit ihren Berichten über ihren Vater, und weiter im Hintergrund die mysteriöse ,,Frau am Fenster", d'Arthez' ehemalige Kabarett-Kollegin. Erst hinter diesen und durch diese Figuren ahnt man die Gegenwart des d'Arthez. Die indirekte Erzählweise wird konsequent durchgehalten: Nach dem ersten vertraulichen Zublinzeln in der Sicherheitsbehörde wird d'Arthez für den Berichterstatter nicht mehr sichtbar. Erst nach dem Ende der Aufzeichnungen, in Lamberts ,,Weiterungen", hat d'Arthez noch einen kurzen Auftritt. Durch einen Programmierungs-,,Fehler" des ,,Weltweiten Planungs-Instituts" war Lambert vom Tod durch ,,Negation", zu welchem sich – wie in ,Interview mit dem Tode' – die Menschen willig drängten, ausgeschlossen worden. In Wirklichkeit wollte das System einen unbequemen Außenseiter ausschließen, der weiß, daß ,,Soziologie auch auf der andern Seite" praktiziert wird (160), daß sich das manipulierte Hier und Dort nicht wesentlich voneinander unterscheiden: ,,Links und rechts dasselbe Ordnungsprinzip, nur verschiedene Perfektionsgrade." (161) Schon d'Arthez war als nicht ,,sozialisierbar" halbtot aus dem Konzentrationslager hinausgeworfen worden – Nossacks Verleger Peter Suhrkamp war es ähnlich ergangen –, in den ,,Weiterungen" dieses Romans erfährt Lambert die gleiche Behandlung, wenn auch, den Zeiten entsprechend, auf zivilisierte Art. Lambert empfahl ja dem jungen Berichterstatter, sich nicht vorschnell ins exterritoriale Außerhalb zu begeben: ,,Haben Sie eine eigene Wahrheit, mit der Sie leben können? Wenn Sie zu Ihrem Unglück je eine finden sollten, dann nur, indem Sie sich dem Gesetz des Verbrauchtwerdens [. . .] fügen, bis das Gesetz Sie von sich aus als unbrauchbar ausstößt." (180) Dem sogenannten Gesetz schreibt Lambert – und Nossack – eine untrügliche Witterung zu für Nicht-Sozialisierbare.

Lambert ist in gewisser Weise mit d'Arthez identisch. Der Berichterstatter hat das Gefühl, als ob d'Arthez immer anwesend sei, wenn man mit Lambert spricht. (216) Andrerseits spielt Lambert-Lembke auch die Rolle der bei Nossack üblichen Kontrastfigur: Er ist der Intellektuelle, der seine Inspiration von d'Arthez erhält, während d'Arthez die ausgeklügelten Strukturen und Nuancen seiner Pantomimen dem intellektuellen Freund verdankt.

Nachdem sich Lambert und d'Arthez nach ihrer Schulzeit aus den Augen verloren hatten, ließ ihre beiderseitige Entwicklung nicht ahnen, daß sie einmal Freunde waren: Während d'Arthez sich als Non-Konformist profilierte, wurde Lambert ein Erfolgsschriftsteller, dann Mitglied der Nazi-Partei und der nationalsozialistischen Kulturorganisation; nicht aus Überzeugung sondern, noch schlimmer, aus Opportunismus. Doch auch er überwand die Vergangenheit, die Anmaßung des angenommenen Namens Louis Lambert, er wurde Lembke, Hilfsbibliothekar. Und durch die Radikalität seiner Konfrontation mit sich selbst wurde er nun in höherem Sinne identisch mit dem Leitbild seiner Jugend, das er bisher mißbraucht hatte: Beim Betrachten einer Fotografie des verstorbenen Hilfsbibliothekars Ludwig Lembke ruft der Berichterstatter aus: „Der Mann auf dem Bild heißt Louis Lambert. Er trägt den Namen zu Recht." (159)

Besondere Erwähnung verdient Edith Nasemann, für die es sich ebenfalls darum handelt, ob sie ihre eigenen Möglichkeiten entwickeln will oder als Frau eines auf Konsum und Karriere konditionierten, von den „Alten Herren" begünstigten jungen Mannes in ein hübsches Eigenheim einziehen möchte. „Das waren Reihenhäuser, eins wie das andre" (210), was nicht weiter schlimm wäre, wenn die Leben, die darin gelebt werden, nicht in den meisten Fällen ebenfalls eins wie das andre wären. Aus vielversprechenden jungen Frauen werden, wie Lambert es drastisch ausdrückt, meistens nur „gebärwütige Muttertiere". Auch Edith wird nahegelegt, ihr Studium abzubrechen, da sie ja nun bald bestens versorgt sei. Doch Edith und die andern

Nossackschen Frauengestalten wehren sich gegen die ihnen zugedachten Rollenzwänge der matriarchalischen Ordnung. „Willst du deinem Verlobten nicht einen Apfel schälen?“ sagt Ediths Mutter – die Frau, welche d'Arthez an die Gestapo verriet. (207) Edith weigert sich. Später erzählt sie ausdrücklich, daß es ihr nichts ausmache einen Apfel zu schälen, doch angesichts des verwöhnten jungen Mannes, der auf dem Sofa saß und sich die Bedienung gefallen ließ, als müßte es so sein, wurde für sie die Aufforderung der Mutter zum Testfall: zum symbolischen Unterwerfungsritual. Sie löst wenig später die Verlobung. Sie gibt auch ihr Studium auf, weil sie genug hat von Professoren und Studenten mit „komplizierten Redensarten für die einfachsten Dinge“ (209), wodurch sie beweist, daß sie nicht zu denen gehört, die ihre Individualität vor den Zwängen der einen Rollenschablone retten, nur um sie sogleich an die andere, oppositionelle zu verlieren.

Ein interessanter Aspekt des Buches ist auch die ausgezeichnete Analyse dessen, was Nossack durch d'Arthez und Lambert als die unformelle, unorganisierte Bruderschaft der Extraterritorialen andeutet; manchmal nur durch das kleine Wort „wir“. Es ist ausgerechnet Herr Oberregierungsrat Dr. Glatschke, der diese Erkenntnisse dem betreten zuhörenden Berichterstatter vermittelt. Er sieht in Lamberts und d'Arthez' Vermeidung „jeder Teilnahme an Tagesfragen“ eine gerissene Taktik: „Das Nicht-Aktuelle als Tarnung, verstehen Sie, welch ein gefährliches Prinzip das ist?“ Das alles scheint „ganz unpolitisch und ungefährlich, und dahinter verbirgt sich die alte Absicht, die Ordnung, um die Sie und ich uns bemühen, zu Fall zu bringen. Das alte nihilistische Ziel. Welch eine Disziplin!“ (188) Mit Ideologien, Parteien, Sekten und politischen Aktionsgruppen aller Art wird der Sicherheitsdienst fertig, weil ihre Aktionen sich an die Regeln politischer Gesellschaftsspiele halten und weil sie im Endeffekt an der Macht um ihrer selbst willen interessiert sind. Nur irrt Dr. Glatschke in einem wesentlichen Punkt: Den vermeintlichen Verschwörern geht es nicht darum, „geduldig die Gegenmacht aufzubauen“, es geht ihnen nur um den Abbau der matriarchalischen Gesellschaftsordnung, gleich welcher *couleur*.

In den „Weiterungen“ wird Balzacs Buch ‚Verlorene Illusionen‘ ausdrücklich nochmals erwähnt. Es liegt im Warteraum des „Gästehauses“ für solche, die vom Computer des Weltweiten Planungs-Instituts zurückgewiesen wurden. Es ist eine Form der Nachrichtenübermittlung; denn als d'Arthez und Lambert-Lembke das Gebäude verlassen, lassen auch sie das Buch, dem sie sozusagen entstammen, auf dem Tisch liegen: „Ach so, das Buch. Na, lassen wir es hier liegen. Auch eine Art Nachricht.“ (319) Als sich d'Arthez und Lambert trennen, bricht der Morgen an: „Und aus der Gegend drei oder vier Straßen weiter hörte man das Getöse der Müllabfuhr. Donnernd wurden die Mülleimer an die große Drehtonne gehängt, und donnernd wurden die leeren Eimer aufs Pflaster zurückgestellt. [. . .] In jeder Stadt beginnt der Tag mit dem Getöse der Müllabfuhr.“ (321)

Dem prosaisch-nüchternen Getöse war eine charakteristische schlaflose Nacht vorausgegangen. So ist der wichtigste Satz in ‚Der Fall d'Arthez‘ derjenige, der die Wirkung der Nachrichtenübermittlung auf den jungen Mann und ehemaligen Sicherheitsbeamten bezeugt: „Der Berichterstatter besaß keine Schlafmittel. Er versuchte sich der Gnade einer ersten schlaflosen Nacht würdig zu erweisen.“ (238)

‚Dem unbekannten Sieger‘

Als im Jahre 1969 der Roman ‚Dem unbekannten Sieger‘ erschien, war das Lob der Kritik einhellig, und der gute Absatz beim Publikum ermöglichte schon 1970 eine neue Ausgabe in der ‚Bibliothek Suhrkamp‘, aus welcher hier auch zitiert wird. Man sah in diesem strukturell einfachen Werk vor allem eine humorvolle Verulkung der akademischen Geschichtsschreibung, die sich ausschließlich auf Dokumente stützt und manchmal aus Mangel an Phantasie und Menschenkenntnis zu

Schlüssen kommt, die zwar dem Bedürfnis nach Überschaubarkeit und Logik der Geschehnisse entgegenkommen – und trotzdem falsch sein können. Wo die Dokumente fehlen, entsteht eine Lücke, in welcher, jenseits von Wahrscheinlichkeit und Logik, gerade das Allerwichtigste stattgefunden haben mag. Bei d'Arthez machte der Pantomime gerade in der dreimonatigen Zeit-Lücke zwischen Konzentrationslager und dem Wieder-Auftauchen in der Gesellschaft seine wichtigsten Erfahrungen. Er schweigt sich darüber aus. Wer sein späteres Verhalten verstehen will, muß es mit der ganz unwissenschaftlichen Phantasie versuchen. Nossack geht es jedoch nicht um historische Tatsachen als solche. Anstatt sich für den ,,pragmatischen Ablauf" der Geschichte zu interessieren, richtet er seine Aufmerksamkeit auf das ,,geistige Verhalten" der Menschen, auf die scheinbar unmotivierten Einfälle des einzelnen in ungewöhnlichen Situationen. (,Pseudoautobiographische Glossen', 123) Ungewöhnlich wird die geistige und gesellschaftliche Situation immer in den Zwischenräumen zwischen einer alten und einer neuen Ordnung. Im ,Fall d'Arthez' war das Erlebnis des Zwischenraums eine Sache auf Leben und Tod. In ,Dem unbekannten Sieger' wird das gleiche Thema humorvoll, nicht lebensgefährlich und sozusagen im Kleinformat variiert, was aber nicht darüber hinwegtäuschen sollte, daß es Nossack auch hier um sein eigentliches Thema der Nachrichtenübermittlung geht. Hinzu kommt auch, trotz der Leichtigkeit des Stils und der Gemütlichkeit des kleinstädtischen Milieus, das ernste Thema der Einsamkeit des Remigranten in der Gesellschaft.

Kurz nach dem Ende des Ersten Weltkriegs schickte ein Kaufmann in der norddeutschen Kleinstadt Uelzen seinen Sohn mit einem geschäftlichen Auftrag nach Hamburg. Der junge Mann kam dort mitten in eine kommunistische Revolte hinein. Man schickte sich gerade an, das Hamburger Rathaus zu stürmen, vorher sollten aber ein paar überzeugende Schüsse aus einer Feldhaubitze gefeuert werden. Der Uelzener Kaufmannssohn war im eben beendeten Krieg Artillerist gewesen, und nun amüsiert er sich über die Ungeschicklichkeit eines riesigen

Matrosen, der nicht weiß, wie er mit der Kanone umgehen soll. Von dem wütenden Rebellen aufgefordert hilft er den Leuten, und nach zwei Schüssen aus der Haubitze ergibt sich die Rathausbesatzung. Der junge Mann im Geschäftsanzug wird nun als Revolutionsheld gefeiert, und es ergibt sich wie von selbst, daß er, dem Sog des ungewöhnlichen Geschehens folgend, einer der Anführer der – übrigens recht gemütlichen – Revolutionäre wird, die in ihm ein strategisches Genie zu erblicken meinen. Mit der doppelten Schläue eines Uelzener Kaufmanns und eines Heidebauern erringt der Gefeierte ein paar unblutige Siege für die Revolution. Doch als man sich einige Tage später im brandenburgischen Rathenow zusammensetzt, um über das Programm der zukünftigen Revolutionsregierung in Berlin zu beraten, geht der junge Held auf die Toilette, sieht sich dort im Spiegel und findet plötzlich, daß er hier eigentlich nichts mehr zu suchen habe. Die lustige Revolution ist wohl vorüber, der tierische Ernst eines Regierungs- und Parteiprogramms kündigt sich an. So kehrt er nicht zum Verhandlungsraum zurück, sondern verläßt das Gebäude durch eine Hintertür, schlägt sich nach Uelzen durch, zum Vater, zum Geschäft, zu seiner schwangeren jungen Frau. Seiner Erklärung, daß er wegen der Revolte zwei Wochen gebraucht habe, um von Hamburg nach Uelzen zu kommen, muß man wohl oder übel Glauben schenken.

Von seiner Feldherrnkarriere erzählt er nichts. Sein Erlebnis im Außerhalb bleibt seine private Erfahrung. Als geheimer Remigrant spielt er nun die Rollen eines Sohnes, Mannes, Vaters und Geschäftsmanns zu jedermanns Zufriedenheit auf der Kleinstadtbühne der Uelzener Bürgerschaft. Wahrscheinlich ist er der einzige unter den Spielern, der weiß, daß weder das Stück, noch die Rollen, noch die Bühne selbst viel mit der eigentlichen Wirklichkeit zu tun haben. Zum Rollenspiel mußte er sich so oder so bequemen. Wenn er bei den Revolutionären geblieben wäre, hätte er sich als Funktionär in sehr viel engere Rollenkostüme hineinzwängen müssen. Als unabhängiger Kaufmann – eine Rolle, in der Nossack langjährige Erfahrung hatte – hat der Ex-Revolutionär mehr Entscheidungsfreiheit als ein Bürokrat. Der junge Mann spielt seine Kaufmannsrolle denn auch so gut, daß der wirtschaftliche Erfolg nicht ausbleibt. Das ermöglicht ihm, seiner Familie das Gefühl einer Sicherheit zu geben, an die er selbst nicht glaubt.

Der Erzähler dieses Romans ist der Sohn des als Kaufmann getarnten Revolutionshelden. Er hat studiert und eine Doktorarbeit und ein Buch über den „unbekannten Sieger" der Hamburger Revolte geschrieben, an dessen Identität damals viel herumgerätselt wird. Er weiß nicht, daß er den Gesuchten in der Person seines bürgerlichen Vaters leibhaftig vor sich hat. Nach des Vaters Tod macht er sich Vorwürfe, daß ihm auch dann kein Licht aufgegangen war, als ihm dieser mit viel Klamauk und Pantomime vorspielte, wie dieser unbekannte Sieger ausgesehen und sich benommen habe. Die versammelte Familie lachte Tränen, weil der Komödie spielende Vater dem unbekannten Sieger auf dem einzigen existierenden Foto so verblüffend ähnlich sah. Als nun der Vater gar daranging zu erklären, wie sich dies oder jenes, wofür keine Dokumente aufzutreiben waren, wohl zugetragen habe, staunte der Sohn zwar über die lebhafte Phantasie seines Vaters, merkte aber immer noch nichts. Er wußte nur, daß sich die Spur des unbekannten Siegers bis Uelzen verfolgen ließ, und nicht weiter. Die Erleuchtung kommt ihm erst Jahre später, nachdem er im Nachlaß des inzwischen verstorbenen Vaters eine Jacke gefunden hat, die er nicht kennt. Sie mußte dem Vater zu groß gewesen sein. Auf dem eingenähten Firmenetikett steht: Rathenow.

Er schneidet das verräterische Etikett mit dem Ortsnamen sofort heraus. Wäre die Wahrheit jetzt noch bekannt geworden, dann hätte sie niemandem genützt. Die Fachkollegen hätten sich köstlich amüsiert, die Ehefrau hätte den Verlust an Sozialprestige kaum verkraftet. Schlimmer für den jungen Mann ist jedoch die Erkenntnis, wie ungeheuer einsam sein Vater war, um so einsamer, je mehr er seine Zuschauer mit seinem Clown-Spielen zum Lachen brachte. Denn was er wollte, war, daß ihn der Sohn erkennt. Nicht, um sich vor ihm mit seinem

Revolutionsabenteuer zu brüsten, sondern um ihm die Nachricht zu vermitteln, daß die Wahrheit ungeahnte Dimensionen haben kann. Man könnte fragen: Warum sagt er es ihm nicht einfach? Warum gibt er sich nicht zu erkennen? Nossack würde antworten, daß man mit einer Wahrheit, die man nicht selbsttätig erkennt, die einem nur als Information geliefert wird, nichts anfangen kann. Wie sehr dem alten Mann daran lag, daß die Nachricht, die er dem Sohn entgegenhielt, von diesem auch erkannt würde, ist durch eine kleine Einzelheit seines Sterbens angedeutet: Als er im Sterbebett lag, berichtet die Krankenschwester, liefen ihm die Tränen aus den Augen. Der Sohn kam zu spät. Die Nachricht von den Tränen des Vaters war geeignet, die Schuldgefühle beim Entdecken der Jacke zu vertiefen.

Wenn dies jedoch alles wäre, hätte man es nur mit einem psychologischen Problem zu tun. Es ließe sich wohl darüber hinwegkommen, zumal wenn man bedenkt, daß fast jeder Mensch genau so blind gewesen wäre. Die rollenbedingten Vorstellungen, die wir gerade von den uns nächsten Menschen haben, lassen in der Regel nicht zu, daß man sie sich einmal ganz anders vorstellen kann. Schlimmer als das Gefühl, gegenüber dem Vater versagt zu haben, ist es für den Sohn, daß alles, was ihm bisher als normal, wichtig und zwingend logisch erschien, in Frage gestellt wird durch des Vaters schweigendes Außenseitertum: Der Wert seiner geschichtswissenschaftlichen Methodik und seines konventionellen Lebens überhaupt. Bei der Definition des Konventionellen und „Bürgerlichen" handelt es sich für Nossack keinesfalls um Äußerlichkeiten wie Kleidung und Haartracht. Es gibt künstlerische Geschäftsleute und spießige Künstler. Er selbst legte Wert darauf, nicht weiter aufzufallen, und auch seine Romanfiguren zeichnen sich nicht durch modische Non-Konformistenkleidung und ähnliche Mätzchen aus.

Der junge Historiker entschließt sich, die Geschichte seines Vaters einem Bekannten zu erzählen. Das geschieht nicht, um einen Mitwisser zu haben, sondern mit der Absicht, die Nachricht vom existentiellen Zwischenraum, die er nun doch noch indirekt von seinem Vater erhalten hat, auch andern zugänglich zu machen.

Die Tränen des sterbenden Vaters drückten wahrscheinlich den Schmerz darüber aus, im Sinne der Nachrichtenübermittlung keinen echten Sohn zu haben. Es schien, als solle sein Leben zu Ende gehen, ohne daß sein Impuls für eine wesentlichere als eine nur-bürgerliche Existenz weitergegeben worden wäre. Trotzdem wird sein leiblicher Sohn dann noch der geistige Sohn dieses unbekannten – nun erkannten – Siegers, indem er sich selbst in die Kette der wissenden Nachrichtenübermittler einreiht.

‚Die gestohlene Melodie'

Wer beim Lesen des ‚Unbekannten Siegers' meinte, daß Nossack nun zu einer leichter faßlichen Romanstruktur übergegangen sei, mußte beim Erscheinen des Romans ‚Die gestohlene Melodie' im Jahre 1972 diese Hoffnung aufgeben. Wer den ‚Fall d'Arthez' kompliziert fand, wird ‚Die gestohlene Melodie' noch komplizierter finden. Die Reaktion der Kritik auf den „neuen Nossack" war denn auch nicht eben günstig. Man bedauerte den geschwätzigen Stil, die verwirrende Vielfalt der Figuren, den Mangel an Organisation. Was die Kritiker jedoch durchweg übersahen, ist Nossacks eigene, viel schonungslosere „Kritik" in den Seiten dieses seines eigenen Buches. Da heißt es z. B.: „Es handelt sich um einen Bericht aus dritter oder vierter Hand, das ist es, was ihn so unglaubhaft macht. Vor allem gerät einem dadurch das Zeitelement völlig durcheinander." (33) Der Autor wußte sehr wohl, was er seinem Leser zumutete, daß dieser sich dauernd würde fragen müssen: „Wer spricht da eigentlich? Was soll das? Wann ist das nun wieder passiert?" (33) Oder: „Am meisten verwirrt jedoch, daß alle Augenblicke neue Figuren eingeführt werden, ohne daß sich der Erzähler die Mühe gibt, ihr Auftreten zu motivieren." (35)

Die „gestohlene Melodie“ scheint eine Art Erkennungsmedium zu sein für solche, die in mehr als einer Wirklichkeit leben. Auch scheint diese Melodie, die seltsamerweise auch als „stillschweigende Melodie“ bezeichnet wird, der Integration der einander fremden Welten zu dienen. Gestohlen wurde sie insofern, als ein gerissener Schlagerkomponist sie zufällig hörte und als seine eigene Komposition erfolgreich vermarktete. Die Wesen von der anderen Seite sind daran interessiert zu erfahren, wie es zu diesem Diebstahl kommen konnte, und sie motivieren gewisse Menschen, sich mit diesem Thema zu befassen. Das ist das Thema des Buches. Eine Handlung mit Anfang und Ende, mit der Illusion einer Logik gibt es darin nicht. Man schaut als Leser wie auf eine Bühne. Die Figuren kommen und gehen, manche öfter, manche nur einmal, manche im Vordergrund, manche mehr schemenhaft im Hintergrund. Wiedergeben läßt sich dieses handlungslose Geschehen nicht.

Der Erzähler, der hier gewisse Erlebnisse einem Herausgeber berichtet, nennt sich Herr Fürst, Inhaber der Fürst-Werbung G.m.b.H. Herr Fürst ist ein Mensch, der von der anderen Seite her einen Impuls hinsichtlich der gestohlenen Melodie erhalten hat, der sich aber bald darauf nur noch dem geschäftlichen Erfolg in seiner zweifelhaften Branche widmet. Von Zeit zu Zeit plagt ihn jedoch das Gefühl, den geistigen Impuls des Suchens nach der Melodie verraten zu haben. Es liegt ihm nun sehr daran, seine eigene vernachlässigte Aufgabe wenigstens an einen andern Menschen weiterzureichen. Im späteren Herausgeber der ‚Gestohlenen Melodie‘ glaubt er ihn gefunden zu haben. Das burschikose Geschwätz, mit welchem er nun auf diesen Mann einredet – und das den Leser und die Kritiker nervös macht – dient offensichtlich dazu, eine innere Verlegenheit zu überspielen, denn er muß von Dingen sprechen, die nichts mit der Fassadenrealität zu tun haben, die er sich deshalb nur auszusprechen getraut, wenn er sie gleichzeitig als „Quatsch“ und „Blödsinn“ bezeichnet. Außerdem verrät der aufgeregte Jargon des Mannes etwas über die verzweifelte Dringlichkeit, mit welcher er den Herausgeber überreden will, sich des Themas der gestohlenen Melodie anzunehmen. Sein Zuhörer soll einen Film daraus machen, meint der Werbemensch, indem er so tut, als könne sein Hirn nur noch in kommerziellen Bahnen denken: „Das hat doch alles nur einen Sinn, wenn man aus dem Unsinn ein Geschäft macht." (30) Bezeichnenderweise will er aber trotz seiner angeberisch geschäftstüchtigen Kraftmeierei kein Geld für seine Ideen und Unterlagen. So wichtig ist es dem Mann, daß sein geistiger Impuls, der das Thema seines Lebens hätte sein müssen, trotzdem irgendwie weiterlebt. Der Eindruck seiner Erzählung und die Art seines Erzählens ist jedenfalls stark genug, um aus dem erst unwilligen Zuhörer einen willigen Herausgeber zu machen. „Seien wir ehrlich", schreibt dieser später, „was er mir erzählte, fesselte mich trotz seiner albernen und entstellenden Erzählweise, trotz des lächerlichen Vorwands, mir damit das Thema für einen Film zu liefern. Denn daß sich kein Film daraus machen ließ, wird der Mann selber gewußt haben [...] Aber trotzdem oder gerade deswegen fesselte mich die Welt, die dahinter sehr unbestimmt und so flüchtig wie ein Wolkenschatten wahrnehmbar wurde."(31)

Durch Herrn Fürsts Erzählung trifft man auf Menschen, für welche die gestohlene Melodie und die andere Wirklichkeit eine Selbstverständlichkeit sind: u. a. Dr. Passavent und einen jüngeren Pressefotografen, dessen Name Herrn Fürst absolut nicht einfallen will und den er deshalb nur als „der Andre" bezeichnet. Passavent und der Andre sind Menschen, die von einer Expedition ins Außerhalb als Remigranten zurückkehrten – jeder zu seiner Zeit und auf seine Weise. Beide haben sie doppelte Persönlichkeiten, die jeweils für die eine oder die andere Wirklichkeit zuständig sind. Als Herr Fürst oben im Treppenhaus sitzend zum erstenmal den Andren die Treppe heraufkommen hört, meint er, es kämen zwei Personen. Aber er hat sich „geirrt". In Wirklichkeit hat ihm sein „Irrtum" eine Wahrheit vermittelt, die sein Tagesbewußtsein kurz darauf dementiert. (59) Dem Leser muß nach einer Weile selbst aufgehen, daß Dr. Passavent und ein gewisser Mr. Ich zwei Aspekte der gleichen

Persönlichkeit darstellen: Mister Ich ist für die Normalwelt zuständig, die von ihm meint, er sei Dr. Passavent, Lehrer im Ruhestand, während Dr. Passavent sich nur dafür interessiert, die richtige Melodie für gewisse Worte aus einem Gedicht von William Blake zu finden. Er findet sie in der Schlagermusik seines Schwiegersohns, ohne zu wissen, daß dieser sie gestohlen hat. Gestohlen oder nicht, die Melodie stimmt. Mit diesem Beispiel der Übereinstimmung zwischen einem hiesigen Text mit einer Melodie von „drüben" gibt uns Nossack ein Bild für die Integration zweier Wirklichkeiten.

Der Doppelaspekt der gleichen Persönlichkeit als Passavent und als Mr. Ich ist dem Verhältnis zwischen d'Arthez und Lambert im ‚Fall d'Arthez' nicht unähnlich. Passavent macht sich über Mr. Ich lustig, weil der sich zu wichtig nimmt und Tagebuch schreibt, seine sogenannten „Ephemeriden". Wenn man Nossacks Identifikation mit der Hauptfigur im ‚Fall d'Arthez' nur auf dem Umweg der Übersetzung des polnischen Namens Nossack in Nasemann-d'Arthez erraten konnte, – in der ‚Gestohlenen Melodie' wird die Identifikation mit Mr. Ich-Passavent fast überdeutlich. Für Nossack, dem der Verlust seiner Tagebücher im Hamburger Feuersturm schwer zu schaffen machte, bietet sich in Passavents Gelächter über Mr. Ichs Schreibwut Gelegenheit, sich über die eigene „Schwäche" des Schreiben-Müssens hinwegzusetzen. Für Passavent, in diesem Sinne eine Wunschprojektion Nossacks, liegt immer alles klar auf der Hand. Wozu noch kluge Sätzchen schreiben! Schweigen ist besser. Die Übereinstimmung zwischen dem Autor und seinen Figuren zeigt sich auch in ihren Ansichten über alltägliche Dinge, und in ihrer fast ärgerlichen Erledigung solcher unvermeidlichen Routinehandlungen wie Essen und dergleichen. Wenn jemand im Restaurant nicht gleich das erstbeste bestellte, sondern unschlüssig die Speisekarte studierte, konnte man an Nossack eine leise Unruhe bemerken, und eine kaum wahrnehmbare Bewegung schien sagen zu wollen: Wozu das Theater, es ist doch ganz egal, was man ißt. Auch sein Dr. Passavent-Ich ist mit seiner täglichen Ration fertiger Kartoffelpuffer zufrieden, die er sich in einem Schnellrestaurant holt und nach Hause trägt. Wichtig ist dem Autor und der Romanfigur nur, daß genügend Zigaretten und Kaffee im Haus sind. Passavent-Ich wird am Schreibtisch sitzend beschrieben: Er raucht, schreibt, liest, von Zeit zu Zeit flammt ein Streichholz auf. Man sagt, er raucht zu viel. Alles das traf auch bei Nossack zu, der Filterzigaretten als „unehrlichen Schwindel" ablehnte und diese Meinung schon durch seinen d'Arthez verkünden ließ.

Der nicht immer leicht zu ertragende, dadurch aber seltsam dringliche Erzählstil des Herrn Fürst wird von Zeit zu Zeit abgelöst von wahren Bravourstücken Nossackscher Erzählkunst, wie z. B. der Darstellung der pausenlos kreisenden, halbbewußt weiterschweifenden Gedanken einer jungen Frau in Selbstmordgefahr (212–16), oder in sich geschlossenen Prosastücken glänzenden Stils, die auch an anderer Stelle vorliegen: ‚Der König geht ins Kino'[22] und ‚In Quarantäne'.[23] Die Massenflucht lebensmüder Menschen in den Tod wird zum atemraubenden Hintergrund von ‚In Quarantäne'. Die eigentliche Handlung dieser Episode aus der ‚Gestohlenen Melodie' ist allerdings nicht die Massenflucht, sondern der Entschluß des Andren – ehe er Passavent kannte –, sich so unauffällig wie möglich aus dem Leben fortzustehlen, und das Mißlingen dieses Plans. Früh morgens hat er sich auf den Weg gemacht zur Fähre, welche die Menschen ans andere Ufer bringt. Doch bald ist er nicht mehr allein, immer mehr Menschen strömen aus den Seitenstraßen hinzu, es wird ein stumm-verbissenes Gedränge, die Leute versuchen, einander auf der mit Stacheldraht eingefaßten Straße zu überholen, die Leute wundern sich nicht über den Stacheldraht, über die Uniformierten und die Wachttürme, sie drängen stur zur Fähre hin. Nur der Andre, als Pressefotograf gewohnt, die Dinge wachsam zu beobachten, wundert sich und fotografiert gewohnheitsmäßig im Weiterschreiten. Die Fähre ist schon überfüllt, der Menschenstrom stockt. Da sieht der Andre eine Frau von der Fähre ins Wasser fallen, ihr Schrei schockiert ihn, doch die andern Menschen hören und sehen nichts davon. Die uniformierten Aufpasser haben aber seine Reaktion bemerkt, die ihnen anzeigt, daß er eine Wirklichkeit wahrnimmt, in welche die Masse blind hineintrottet. Sie holen ihn aus dem Gedränge heraus und schieben ihn ab in die Quarantänestation, angeblich weil er ohne Vorladung gekommen ist. Er kann nun in die Stadt zurückgehen; man interessiert sich nicht für ihn. Durch sein Erlebnis am Fluß ist dem Andren die Existenz verschiedener Wirklichkeiten bewußt geworden. Für die Wahrnehmung der neuen ist der Fotoapparat untauglich. Die Aufnahmen gerade der Dinge, auf die es ankam, waren mißlungen: schwarze Stellen auf dem Film. Man kann diese Episode durchaus auch als politische Parabel verstehen, als Darstellung der Zivilisationsmüdigkeit, als Massenflucht vor der persönlichen Verantwortlichkeit in die Diktatur. Doch das eigentliche Thema ist auch hier kein gesellschaftliches, sondern ein persönliches – auch wenn es letztlich gesellschaftliche Konsequenzen hat –: die Geburt eines Remigranten.

‚Die gestohlene Melodie' schließt mit einem essayistischen ‚Brief an einen Remigranten', dessen gedankliche Klarheit einen Kritiker veranlaßte, seine Rezension des Werkes mit einem erleichterten „Am Ende lüftet er das Visier" zu überschreiben.[24] Nossack-Passavent setzt sich darin mit der Idee eines Bekannten auseinander, einen Remigranten-Orden zu gründen. Er lehnt diesen Gedanken ab als „Verrat an dem einzigen, was uns gemeinsam ist, der Einsamkeit." (247) Wer, wie alle Remigranten, „aus der Wellblechbaracke der Zeitgeschichte herausgestoßen und zum Überleben gezwungen" wurde, für den gibt es kein Zurück ins Kollektiv oder in die „Heimat". (246) Es betrübt den Briefschreiber, daß mancher Remigrant „die schlichte Tatsache seiner Heimatlosigkeit" nicht akzeptieren will und sich z. B. lieber dem „künstlichen Ferienglück" eines lieblichen Alpentals aussetzt. Auch warnt er dringend davor, sein Anders-Sein zur Schau zu tragen. Man störe damit nur das einzige, woran sich die Kollektivisten halten können: den Glauben an ihre utopische Gesellschaftsordnung. Worauf es allein ankomme, sei, Ausschau zu halten nach dem einzelnen, der vielleicht ermutigt wird, wenn er bemerkt: Dieser da ist nicht dem alleinseligmachenden Kollektiv verhaftet, er ist einer von denen, die es auf sich genommen haben, „das Antlitz des Menschen vor der Verzerrung durch ihre Zeitgeschichte zu bewahren". (249)

Neben allem andern ist der ‚Brief an einen Remigranten' auch ein politisches Manifest, wenn auch ein Manifest der Absage an das Kollektiv und seine jeweiligen Patentlösungen. Der Staat hatte Nossacks Meinung nach die Aufgabe, die Möglichkeiten für eine „friedliche Fortentwicklung" des einzelnen und damit der Gesellschaft offenzuhalten. In bezug auf Politiker und Parteien schrieb er: „Unsereiner weiß eigentlich immer nur, wen er auf keinen Fall gewählt wissen möchte."[25]

‚Bereitschaftsdienst. Bericht über die Epidemie'

Nach der komplizierten ‚Gestohlenen Melodie' erschien ein Jahr später die strukturell unkomplizierte Erzählung ‚Bereitschaftsdienst. Bericht über die Epidemie' (1973), „kein Roman und keine große Sache", wie Nossack vor dem Erscheinen ankündigte.[26] Die Epidemie, über die berichtet wird, ist eine Selbstmordwelle, welche die gesamte Industriewelt heimsucht. Kapitalistische und kommunistische Regierungen sind gleichermaßen beunruhigt, weil die Selbstmörder sich in Scharen aus den besten aller Industriewelten fortstehlen, trotz Wohlfahrt und Pensionsberechtigung. Beunruhigend ist auch, daß die Selbstmörder auf die sonst üblichen Begründungen für ihre Tat verzichteten; Liebeskummer, Konkurs oder Krankheiten spielen bei der Entscheidung keine Rolle. Die Opfer unterlassen es auch, die Hinterbliebenen, wie es doch oft geschieht, durch einen zurückgelassenen Anklagebrief mit Schuldgefühlen zu belasten. Hätte man die Opfer kurz vor ihrer Tat gefragt, wie es ihnen gehe, sie hätten mit einem unbekümmerten „Danke, ausgezeichnet" geantwortet. Der Erzähler, von Beruf Chemiker – eine Rollenfiktion, die Nossack leider dazu verführte, den Mann mit einer gar zu trocknen „wissenschaftlichen“ Diktion zu belasten – will herausfinden, was die Ursache für die Epidemie ist, wer anfällig ist, und wenn nicht, warum nicht. Er fragt sich, was die beste Therapie dagegen sei im Sinne der Gesellschaft, die an ihren Fortbestand denken muß. Und wie soll sich derjenige benehmen, dessen Selbstmordversuch mißglückte oder der gegen seinen Willen „gerettet“ wurde?

Der Erzähler selbst ist auf doppelte Weise von der Epidemie betroffen: Während er sich als Freiwilliger für den Bereitschaftsdienst beim Bergen der Selbstmörderleichen einsetzt, begeht seine eigene Frau mit ihren zwei kleinen Kindern Selbstmord. Der Erzähler kann sich das persönliche Unglück ebensowenig erklären wie die andern Selbstmorde: „Wir waren glücklich, auch meine Frau war glücklich, das glaube ich sagen zu dürfen.“ Und dann fügt er wie unabsichtlich eine Einschränkung dieses „Glücks“ hinzu: „Jedenfalls konnten wir es uns nicht anders vorstellen.“ (47) Vor der Tat hatte die „glückliche“ junge Frau noch für sich und die Kinder den Frühstückstisch gedeckt, schon für den nächsten Morgen. Keine Rede von Absicht oder Planung. Am anfälligsten für die scheinbar unmotivierten Selbstmorde sind junge Leute, während die älteren, von einer jahrelangen „Routine des Alltags“ geschützt, weniger betroffen sind. Doch alle Versuche, das Phänomen mit psychologischen, soziologischen, medizinischen oder gar religiösen Begründungen zu erklären, schlagen fehl. Interessant ist jedoch, daß es eine einzige Menschengruppe gibt, die immun zu sein scheint: „Ich spreche von Strafgefangenen, von Leuten also, die in Gefängnissen, Zuchthäusern oder sonstigen Justizvollzugsanstalten saßen.“ (126) Jemand glaubt, dafür eine Erklärung zu haben: „Sie haben die Hoffnung, oder wenn sie wollen, die Utopie auf Freiheit, das macht sie gefeit.“ (130) Die Gefangenen meinen noch etwas vor sich zu haben – eine Illusion, meint der Erzähler, basierend auf der Unkenntnis des Lebens in der sogenannten Freiheit. Er beobachtet die „freien“ Menschen in der U-Bahn, und er findet auf ihren Gesichtern keine Zufriedenheit; trotz Wohlstand und sozialer Sicherheit scheinen die Leute unter einer nervösen Spannung zu leiden, so ,,als ob ihnen etwas weh täte", als ob sie sich in ihrer doch so geregelten Welt gar nicht zu Hause fühlten. (69) Mit dem Hinweis auf die Fremdheit der Menschen in ihrer institutionalisierten Welt kommt der Erzähler der wahrscheinlichen Ursache für die Selbstmordepidemie näher: Wenn die Menschen ihre Welt nur noch als unzuverlässige Bühnenkulisse empfinden, die möglicherweise ihr Leben verfälscht, dann kommen sie gefährlich nahe an das heran, was dem Erzähler eines Tages aufgeht: ,,Nur eine geringfügige Wendung, nur ein unbeabsichtigter winziger Schritt, ganz aus Versehen, und da war das Nichts mit seinem Sog." (121) So handelt es sich bei diesen Selbstmorden nicht um eine Entscheidung, sondern nur um ein passives Nachgeben, um eine unwiderstehliche Faszination der Auslöschung, des Nichts, das sie immer hautnah umgeben hatte, ohne daß sie es ahnten.

Da man der Selbstmordepidemie mit keinem der herkömmlichen ,,Denkmodelle" – ein Wort, das für Nossack den Inbegriff eines phantasielosen Schablonendenkens bedeutete – aus den wissenschaftlichen Fachbereichen begegnen kann, gibt man alle Versuche, das Phänomen zu erklären auf und beschließt, einfach nicht mehr darüber zu reden. Plötzlich schweigen alle Medien; die Toten werden totgeschwiegen. Nach anfänglich sarkastischen Bemerkungen über die plötzliche Informationsstille, sieht der Erzähler selbst ein, daß es im Interesse der Allgemeinheit richtig ist, den weiteren Verlauf der Epidemie zu verschweigen. Tatsächlich wird sie durch diese Maßnahme eingedämmt und hört bald auf. Heute wäre es allerdings besser, wenn die Wissenschaft ihr damaliges Versagen ernst nähme, im Interesse der Wissenschaftlichkeit: ,,Für die Wissenschaft müßte doch ihr Versagen ein Problem sein, sollte man annehmen." (7) Da sie selber an die Grenze ihrer Glaubwürdigkeit gelangt ist und ,,allerhöchstens provisorische oder prophylaktische Mittel erfinden konnte, sozusagen als Glaubensersatz", bleibt einem nichts übrig, als auch weiterhin zu verschweigen, ,,daß einen Millimeter neben der Wirklichkeit das

Nichts ist". (122) Sonst könnte es geschehen, daß die Menschen aufs neue überwältigt werden vom Bewußtwerden der tödlichen Langeweile ihres Daseins. Denn es könnte ja sein, meint der Erzähler, daß wir alle die Keime dieser Krankheit in uns tragen.

,Ein glücklicher Mensch'

Hans Erich Nossacks letztes Buch, ,Ein glücklicher Mensch', erschien 1975, zwei Jahre vor seinem Tod am 2. November 1977. Es enthält auffallend viele Bezüge zu früheren Werken. Erstaunlich ist die große Rolle, die wieder dem persönlichen Widersacher des Erzählers zufällt, dieser Kontrastfigur, die uns immer wieder begegnet. In ,Ein glücklicher Mensch' heißt dieser Repräsentant einer radikalen Intellektualität – die eine Hälfte der Nossackschen Persönlichkeit – Naleco. Der kalte Haß dieser Figur auf den Erzähler, seine ironisch höfliche Sprache und seine lebensfeindlichen Argumente haben eine auffallende Ähnlichkeit mit den Reden des falschen Freundes in ,Nekyia'. Es ist klar, daß Nossacks Grundthematik in den dreißig oder mehr Jahren zwischen ,Nekyia' und ,Ein glücklicher Mensch' die gleiche geblieben ist. Bei einem jüngeren Autor müßte diese Tatsache befremdend wirken, weil es zumindest ungewöhnlich wäre, wenn, sagen wir, im Leben eines Autors zwischen fünfundzwanzig und fünfundfünfzig Jahren keine neuen Erfahrungen und Gedanken zum Ausdruck kämen. Bei Nossack lag der Fall anders: Als er endlich an die Öffentlichkeit treten konnte, war er schon 45 Jahre alt. Die bisherigen Jahrzehnte seines Lebens hatte er zu diesem Zeitpunkt intensiv verarbeitet und durchlitten. In der ihm verbleibenden Lebensspanne zwischen 1945 und 1977 widmete er sich vor allem der literarischen Ausarbeitung seiner angestauten inneren Erfahrungswelt. Für ihn ging es nicht mehr um das Suchen nach der eigenen Richtung, sondern um deren Einhaltung. So kam es, daß schon die ersten Veröffentlichungen in bezug auf Stil und Thematik „typisch

Nossack" waren. Die Konstante seiner Signatur ist also keine Wiederholung des ewig Gleichen in seinen Werken, sondern Akzentverschiebungen innerhalb des höchstpersönlichen Grundmusters seiner psychologischen und geistigen Eigenart. Ein guter Kenner Nossacks, der dessen Werk vor allem als eine Kette monologischer „Prozeßberichte" beschreibt, meint treffend: „Die Rollen wechseln. Aber der Prozeß wird fortgesetzt. Von Werk zu Werk."[27]

Nach der komplizierten Struktur der ‚Gestohlenen Melodie' wirkt die stilistische Einfachheit von ‚Ein glücklicher Mensch' geradezu entspannend. Hier wird kein geschwätziger Erzähler fingiert, dessen Jargon die Geduld des Lesers strapaziert, hier wird nichts erzählt, was auf dem Umweg über drei oder vier verstreute Gewährspersonen nur noch mit verwischten Konturen zu uns gelangt. Nichts dergleichen. Hier spricht jemand klipp und klar über seine eigenen Erlebnisse. Auch hier ist die Sprache eine gesprochene; nicht immer unkompliziert, aber trotzdem klar, eindeutig und bildhaft. Man kann sich sozusagen jeden Stein vorstellen, ohne daß deshalb jeder Stein beschrieben würde. Dennoch ist es auch bei diesem Buch nicht ratsam, sich von seiner leichten Lesbarkeit zum raschen Lesen verführen zu lassen. Denn es wäre kein Buch von Nossack, wenn sein Inhalt nicht trotzdem höchst ungewöhnlicher Art wäre.

Das Thema des Buches hat den Autor mindestens seit 1952 beschäftigt. Es handelt sich um eine ganz unpathetische Vision von Europa als zerstörtem Kontinent, der nun, wie das Künstlercafé in ‚Der jüngere Bruder', Aporée heißt; der Name Europa rückwärts gelesen. Als das Gegenteil des einst blühenden Kontinents ist Aporée tot, heißt es, sterilisiert durch übergroße Strahlung von Wasserstoffbomben. Nossack hatte über zwanzig Jahre vorher eine Geschichte ‚Ankunft in Aporée' geschrieben, die nur wenig verändert in den neuen Roman aufgenommen wurde. Auf Seite 216 von ‚Der jüngere Bruder' findet man sogar eine ungefähre Situationsangabe von Aporée, die auch auf den siebzehn Jahre später erschienenen Roman ‚Ein glücklicher Mensch' zutrifft: ,,In dem Buch ist Aporée ein Gebiet von vielen tausend Quadratkilometern, das durch eine Katastrophe geschmolzen, ausgeglüht und verkrustet ist, völlig unfruchtbar und unbewohnbar. Nur ein schmaler Küstenstreifen an der Westseite ist von kaum hundert Menschen und einigen Schafherden besiedelt, doch auch dort gibt es weder Insekten noch Vögel noch Fische in der Bucht; die Menschen suchen sich zu beschäftigen, gehen dann aber [...] an Unfruchtbarkeit und Impotenz ein." Den Erzähler im ,Jüngeren Bruder' stört das gleiche, das siebzehn Jahre später auch den Erzähler von ,Ein glücklicher Mensch' an der Echtheit Aporées zweifeln läßt: ,,Die Menschen, die dort hausen oder sich dorthin haben versetzen lassen, werden nicht erst durch schädliche Erdstrahlungen impotent und unfruchtbar, sondern sie bringen die Impotenz und Unfruchtbarkeit bereits mit. Sie sind vor der Zivilisation geflohen, weil sie sich von ihr überwältigt fühlten, aber sie gehen in Aporée an ihren Erinnerungen zugrunde, denen sie nicht zu entfliehen vermögen. So kommt es zu Totgeburten, Selbstmord und andern Verzweiflungsakten, ein neues Geschlecht kann aber von solchen Leuten nicht erzeugt werden, es ist nur ein letzter Akt, der sich mit unerbittlicher Konsequenz vollzieht." (,Der jüngere Bruder', 217)

Die ursprüngliche Absicht der Menschen in Aporée war eine andere gewesen. Man wollte aus der Vergangenheit austreten, ,,sterben" im Sinne der Expeditionsteilnehmer in ,Das Mal' und werden wie der lächelnde Erfrorene in dieser Geschichte. Manchem gelang dies beseligte Weggehen: ,,Er wird etwas gesehen haben, wie es ursprünglich gedacht war, und wird dahin aufgebrochen sein, der Glückliche. Endlich die Wirklichkeit!" (43) Das heißt sterben in einem religiösen, moralischen Sinne, wie es Nossack durch ein Motto des religiösen Früh-Existentialisten Emanuel Swedenborg in ,Der jüngere Bruder' andeutete: ,,Die unter ihnen, für die man auf Erlösung hoffen kann, werden an verwüsteten Stellen ausgesetzt, die nur ein Bild von Trostlosigkeit bieten; und man läßt sie da zurück, bis ihre Trauer darüber, sich dort zu befinden, sie auf die Höhe der

Verzweiflung gebracht hat, weil das die einzige Art sein dürfte, das Böse und Falsche, das sie beherrscht, zu meistern." (,Der jüngere Bruder', 217) Auch der Erzähler von ,Ein glücklicher Mensch', ein Amerikaner, hat sich nach Aporée abschieben lassen, weil er meint, dort die wüsten Stellen zu finden, wo man noch auf diese segensreiche Weise verzweifeln könne. Doch schon bei seiner Ankunft muß er feststellen, daß es schon wieder primitive Pflanzen gibt und Schafherden, die sich fortpflanzen, und auch Menschen, deren Lebensspanne wieder zunimmt, Schwangerschaften, die zwar noch in Fehlgeburten enden, aber immer länger dauern. Das ist eine schwere Enttäuschung: Das Lebenselement rührt sich schon wieder. Und am Ende ist es gerade die Frau, mit welcher er dort lebt, die als erste wieder ein lebendes Kind zur Welt bringt, sein Kind, obwohl sie selbst die Geburt nicht überlebt. Damit ist Aporée als Idee und nihilistische Utopie widerlegt; der Erzähler sieht das ein und läßt sich mit seinem Kind nach Amerika zurückbringen. Dort hat man auf dies Signal der biologischen Gesundung Aporées gewartet: Der alte Kontinent wird umgetauft in „Newropa". Der Fortschritt kann wieder einmal beginnen.

Abgesehen von den biologischen Indizien ist dem Erzähler schon vorher klar geworden, daß Swedenborgs Idee von der läuternden Trostlosigkeit für Aporée nicht mehr zutrifft. Anstatt zu verzweifeln, erzählen sich die Leute Geschichten aus der Vergangenheit. Nur Naleco, der feindlich Gesinnte, besteht darauf, die offenbare Sinnlosigkeit der Existenz auf Aporée „mit offenen Augen" – wie der Freund in ,Nekyia' – zu ertragen. Es ist bezeichnend für den sich überfordernden, überintellektuellen Ironiker, daß er immer *Kopf*schmerzen hat. Der Erzähler bedauert ihn, denn auch sein trotziger Nihilismus und Atheismus zeugen ja nur davon, daß er noch viel zu sehr an alten religiösen Vorstellungen hängt. Der spitzfindige, aggressive Nihilist machte daher, findet der Erzähler, ein Gesicht wie ein krankes Kind.

Die Lehre aus dem Experiment Aporée ist einfach: Aporée ist kein Land, keine Region, kein Kontinent; Aporée ist ein Zustand, der Zustand des Remigranten, gleichgültig, wo er sich befindet. Wieder hilft uns ein Zitat aus dem ‚Jüngeren Bruder': „Es ist nicht nötig, einen Erdteil zu erfinden, der durch eine atomare Katastrophe zerstört ist, die verödeten Stellen finden sich überall zwischen den Menschen, vielleicht heute mehr als früher, und sie fließen ineinander und verbinden sich zu einem großen Gebiet, in dem eher die Stätten der Geschäftigkeit wie protzige Inseln einer versinkenden Vergangenheit wirken, aber das ist nicht der Punkt. Was ich meine, ist dies: man sollte die verwüsteten Stellen, von denen Swedenborg spricht, und die für den, der in ihnen zu leben aushält, die einzige, aber auch wirklich die einzige Hoffnung auf Erlösung bieten, dort aufsuchen, wo sie sind." (‚Der jüngere Bruder', 218)

Der Erzähler, inzwischen im Ruhestand, lebt in Washington. Die Straße heißt „Q-Street", eine deutliche Anspielung auf Quarantäne: „Ich sitze da wie im Warteraum einer Behörde", „Angemeldet bin ich ja", „So sitze ich denn da und warte". (7–8) Er erzählt seine Geschichte einem erfundenen Zuhörer, den er hinter einem erleuchteten Fenster des gegenüberliegenden Hauses vermutet.

Eine Kleinigkeit gibt es noch zu erwähnen: Die Verlegung der Rahmensituation nach USA hätte eigentlich ein paar milieubedingte Konsequenzen haben müssen. Zweifellos gibt es in Washington auch eine Q-street, und wenn nicht, so könnte es sie geben. Was es aber in einer amerikanischen Großstadt einfach nicht gibt, sind klatschende Putzfrauen und tyrannische Hausmeister, die sich intensiv für das Privatleben ihrer Mieter interessieren; öffentlich betriebene Lotterien gibt es nur ausnahmsweise; und in Gerichtsverhandlungen gibt es keine Beisitzer. Und wenn man jemandem nicht spontan die Hand gibt, so ist das keine Beleidigung, denn man tut das in der Regel sowieso nicht. Doch das sind Kleinigkeiten, erwähnenswert nur deshalb, weil Nossack selbst sich in dem kleinen Aufsatz ‚Eine Sache, die stimmen muß' humorvoll über die Wichtigkeit eben solcher Kleinigkeiten ausgelassen hat.[28]

‚Ein glücklicher Mensch' ist ein wichtiges Buch, und es ist

wahr, daß darin vieles aus früheren Werken zusammenkommt. Am auffallendsten ist dabei die nahe Beziehung zum ‚Jüngeren Bruder'. Der Ingenieur Stefan Schneider aus dem früheren Roman tritt in ‚Ein glücklicher Mensch' unter dem Namen Ramsic auf. Wie Schneider ist auch er eine ausgesprochene „Orest"-Persönlichkeit, d. h. ein Schweiger. Er sagt und tut wortlos das Selbstverständliche, Menschliche. Die Übereinstimmung dieses Ramsic mit Stefan Schneider geht so weit, daß sich beide an den gleichen Schwiegervater erinnern, sogar an dessen ewige blaue Krawatte mit weißen Tupfen. Und es ist Ramsic, der dem nach Amerika zurückkehrenden Remigranten – dem Erzähler – sagt: „Sie sind ein glücklicher Mensch." Glücklich ist ein Mensch, der seine Wirklichkeit gefunden hat, nicht im illusorischen Aporée, sondern in der Q-street, in Quarantäne.

III. Erzählungsanthologien

Nossacks Erzählungen vermitteln auf leicht lesbare Weise einen guten Einblick in den Themenkreis seines Gesamtwerks. Sie sind vor allem in zwei Sammelbänden vertreten, in ‚Interview mit dem Tode' und ‚Begegnung im Vorraum' (beide Frankfurt am Main, 1963). In ‚Um es kurz zu machen' (Frankfurt am Main, 1975) und in ‚Dieser Andere' (Frankfurt am Main, 1976) findet man sowohl bisher Ungedrucktes als auch eine Auswahl von vorher Gedrucktem. Aus dem Band ‚Interview mit dem Tode' wurden ‚Klonz' und ‚Der Untergang' in dieser Arbeit schon vorher besprochen. Die Titelgeschichte selbst berichtet von der Langeweile, die der Tod empfindet, wenn er die willenlosen Menschenmassen sieht, die sich vor seinem Haus in stumpfsinniger Ergebenheit für ihre „Abfertigung" anstellen. Er interessiert sich nur für Menschen, die leben wollen und deren Tod andere zur Verzweiflung bringt. Vor den Augen des Erzählers läßt er deshalb ein lustiges kleines Mädchen von einem Auto tödlich überfahren, und der Erzähler betrinkt sich aus Verzweiflung darüber. In diesem Zustand über eine Hamburger Fleetbrücke wankend hat er jedoch ein spirituelles Erlebnis: „... da war es, als ob für eine Sekunde die Nacht zerriß und etwas so überaus Helles an mir vorüberwehte, daß ich schnell die Augen schließen mußte, um nicht ganz blind zu werden." (138) Als er am nächsten Morgen nüchtern erwacht, findet er in der Manteltasche den Ball des Kindes, den er ohne zu denken eingesteckt hatte: „Ich warf ihn auf den Boden und ließ ihn springen. Ich warf ihn in die Luft und fing ihn wieder auf." (138) Feinfühliger läßt sich die beginnende Heilung eines verzweifelnden Menschen gar nicht darstellen.

Die Titelgeschichte des Bandes ‚Begegnung im Vorraum' wurde schon in Verbindung mit ‚Spätestens im November' behandelt, weil darin das ihnen gemeinsame Thema des gegenseitigen intuitiven Erkennens in gesteigerter Form zum Ausdruck kommt. Der Band enthält außerdem vier Geschichten aus ‚Spirale' in recht willkürlicher Anordnung. Die verbleibenden Erzählungen aus den beiden Bänden sind keineswegs von geringerer Qualität als die schon besprochenen, auch wenn wir im Rahmen dieser Arbeit nicht auf sie eingehen können. Mit einer Ausnahme: ‚Das Federmesser'. Es ist die einzige Prosaarbeit, von der Nossack sagte, daß sie ihn selbst immer wieder überrasche.[29] Sie ist mit meisterhafter Leichtigkeit geschrieben, anfangs mit knurrigem Humor, dann mit Ernst und verhaltener Erregung. Nachdem der Erzähler einem Zeugen Jehovas etwas zu ruppig sein mangelndes Interesse für dessen „Reich Gottes" bekundet hat, inspirieren ihn blühende Apfelbäume vor seinem Fenster zu religiösen Betrachtungen anderer Art. Schon im Winter hatte ihn die Gestik der kahlen Zweige gezwungen, über diese Bäume nachzudenken: einzelne Wesen im Außerhalb, die zur Blüte kommen wollen. Auch den Bäumen geht es um Mitteilung ihres Werdens, doch der Intellekt widersetzt sich dem Verständnis: „Schade, man bekommt es nicht heraus ... Sehr schade! Es kränkt mich." (404) Zur Blütezeit der Bäume kommt es dann doch zu einem gewissen Verstehen: „Man wird vor Staunen ganz still. Wenn man sich nicht in der Gewalt hat, kommen einem sogar die Tränen." (404) Ganz ohne Worte demonstrieren die blühenden Bäume die Nossacksche Religion: das zu werden, was man sein könnte und daher sein müßte. Diese Art Religion, im Gegensatz zu dogmatischen Spitzfindigkeiten über das Wesen Gottes oder routinemäßigen Verrichtungen, verändert die Welt. Der Erzähler macht das Verhalten des Menschen angesichts eines blühenden Apfelbaums zum Testfall seines Charakters: „Wer vor einem blühenden Apfelbaum oder auch nur einem blühenden Apfelzweig nicht stutzt und seine Rede unterbricht, der ... der ... dem ist nicht zu trauen." (404)

Nach diesem intuitiven Verstehen kommt jedoch die intellektuelle Persönlichkeitskomponente des Erzählers zum Zuge.

Er bedauert, für spirituelle Mitteilungen kein Ohr zu haben, obwohl die Wesen, die vor allem zur Zeit der Apfelblüte den Garten vor seinem Fenster bevölkern, meinen, daß er sie verstehe. „Ach, Sie hätten das Gedränge sehen sollen! Aus allen Himmelsgegenden kamen sie herbeigeströmt." Auf den Einwurf eines Zuhörers spricht er dann von einem nicht-optischen Sehen: „Sehen? Habe ich sehen gesagt? Ja, Sie haben recht: wieso denn sehen? Denn natürlich [...] Aber trotzdem, man sah es." (407) In ‚Dieser Andere' spricht er gar von einem Organ in der „Stirnmitte", ein deutlicher Hinweis auf das bekannte „Dritte Auge" der Intuition. (172) Endlich schieben die Wesen vor dem Fenster dem „tauben" Menschen ein Blatt Papier zu, auf welches sie mit *seiner* Handschrift geschrieben haben: „Ist dort das Paradies?" Der Mann ist so perplex, daß er eine hilflose Handbewegung macht, worauf die Wesen sofort verschwinden: „Sie aber ließen mir keine Zeit. Sie nahmen meine Handbewegung für die Antwort. Welch ein bedauernswertes Mißverständnis!" (411) Hätten die ungeduldigen Wesen dem Mann etwas Zeit gelassen, er hätte ihnen etwas von Kreisen, Spiralen und von der Hintertür zum Kleistschen Paradies berichten können. Doch wie? „Mit Worten wäre da nicht viel zu schaffen gewesen, so viel ist klar." (411)

„Ich wüßte nicht, wer mir eine Botschaft senden sollte, die ich nicht selbst erfinden muß", schrieb Nossack in seinem Selbstinterview (‚Über Hans Erich Nossack', 14), und die Tatsache, daß die Frage „Ist dort das Paradies" in der Handschrift des Erzählers geschrieben war, scheint den Ausspruch zu bestätigen. Abwegig wäre es jedoch, dies als Absage des Autors an die eigenen vielfältigen Wirklichkeiten auslegen zu wollen. Die Vorsilbe „er-" des Wortes erfinden, deutet an, was gemeint ist. Diese Vorsilbe verleiht den Wörtern, denen sie vorangestellt ist (erleben, erfahren, erarbeiten, erfinden etc.) die Idee der persönlichen Aktivität als treibende Kraft. Wer sich seine Wahrheiten in diesem Sinne *er*findet, ist für Nossack kein Phantast, sondern der wahre Realist: Die eigene Wirklichkeit gründet auf eigener Erfahrung. Sobald jemand die Erfahrung eines andern nachbetet anstatt sie selbst-tätig nachzuvollziehen, wird „Ideologie" in die Welt gesetzt. Nur die Botschaft in der eigenen Handschrift ist gültig.

IV. Schauspiele

Am Anfang seines Schaffens sah sich Nossack als Dramatiker. Schon 1925 entstand ‚Ilnin', – ein Revolutionsstück, dann ‚Die Rotte Kain' (1926), ‚Die Hauptprobe' (1933), ‚Über die Freiheit' (1934), ‚Der Hessische Landbote' (1936). Die Manuskripte verbrannten ganz oder teilweise bei den Bombenangriffen auf Hamburg. Nach der Katastrophe versuchte Nossack ‚Die Rotte Kain', von der ein Durchschlag bestand, umzuarbeiten, und das Stück wurde einmal in Wiesbaden auf den Spielplan gesetzt. Doch dabei blieb es. Den Autor interessierte das Stück nicht mehr. Er meinte, es sei eine reine Jugendarbeit und nichts als expressionistischer Nachklang. „Die ‚Rotte Kain' hätte auch getrost verlorengehen können."[30] Ganz anders war sein Verhältnis zu ‚Die Hauptprobe'. Das Manuskript war im Geldschrank der Firma nur beschädigt worden und ließ sich restaurieren. Der Autor, der in der Regel nichts von seinen früheren Sachen wissen wollte, reagierte ganz untypisch beim erneuten Lesen des Stücks: „Nie habe ich ein tieferes literarisches Erlebnis gehabt, als ich nach etwa 8 Jahren meine ‚Hauptprobe' wieder las. Es war wie nicht von mir und war doch etwas ganz Einmaliges. Ja, es hat wirklich nichts mit mir zu tun, ich begreife nicht, welcher Gott mich das schreiben ließ und so eine vollendete Komposition zusammenbrachte." Bei der Uraufführung in Wiesbaden gab es einen Theaterskandal; denn das Stück ist tatsächlich nicht ohne weiteres spielbar, wirkt abstrakt und expressionistisch, auch wenn Nossack es nicht liebte, wenn man ihn dem Expressionismus zu nahe rückte. Doch bei der ‚Hauptprobe' denkt man unwillkürlich an den von Nossack verehrten expressionistischen Maler Max Beckmann. Man hat den Eindruck eines Beckmann-Gemäldes, dessen flache Figuren zu sprechen beginnen.

Es hat wenig Sinn, die handlungsarme „Handlung" dieses

Stücks nacherzählen zu wollen. Es genüge ein Hinweis, daß die Situation dem Nossackschen Grundmuster entspricht: Man hat eine Mutter, einen Vater, einen älteren und einen jüngeren Bruder, eine junge Frau, und dann auch den bekannten Klonz. Durch ein Spiel im Spiel kommen die einander ausschließenden Wirklichkeiten des Nossackschen Weltbilds heillos durcheinander; man weiß nicht immer, wer nun gerade in welcher Rolle spricht: Denn die Mutter ist zugleich Abortfrau und Königin, der Vater ist Lumpensammler und König, die „Brüder" sind Prinzen. Nur Klonz bleibt Klonz; denn dieser Typ ist unveränderlich – ein kurzer Auftritt als „Schwein" entspricht seinem Naturell. Interessanterweise haben auch tief „gesunkene" Personen ihre lichten Momente: Der Lumpensammler, der sonst nur ans Essen denkt, wird zeitweise ein echter Vater-König; die Abortfrau wird zur mütterlichen Königin, die einen an die Ur-Mutter in ‚Nekyia' erinnert und die deren Leiden an der Vorläufigkeit des noch nicht paradiesischen Lebens teilt. Selbst der Wirt Klonz, Besitzer des Hotels „Zum Paradies", ist hier noch nicht ganz der Unmensch, der er in der späteren Erzählung ‚Klonz' wurde. Er ahnt einmal, was für ein „unentdecktes Wesen" der Mensch ist, versteht aber nicht, warum alles gleich so „tragisch" werden muß. Trotzdem fragt auch er sich: „Ob auch in mir etwas Trauriges versteckt ist?" (40) Und er ist es, dem ein wichtiger Satz entschlüpft: „Das ganze Leben ist nur Hauptprobe" (27), womit er ausspricht, daß das sogenannte Leben noch nicht ist, was es sein könnte und daher sein müßte.

Leichter verständlich ist das Schauspiel ‚Ein Sonderfall', obwohl es die „Berufsregisseure", wie Nossack brieflich mitteilte, für unaufführbar hielten. Als ihn im Jahre 1976 Studenten des Theater-Seminars der Universität Göttingen zu einer Aufführung dieses Stücks einluden, beglückte ihn der „Mordserfolg" des mutigen Unternehmens. Die studentischen Nicht-Fachleute hatten die Fachleute glänzend widerlegt.[31] In der Tat, das einzige, was den Leser dieses Schauspiels an die achtundzwanzig Jahre früher entstandene ‚Hauptprobe' erinnert, ist wiederum die Grundkonstellation der Personen: Vater, Mutter, ein Sohn, dessen junge Frau, ein junger Mann von außerhalb. Auch sie spielen alle, wie in der ,Hauptprobe', mehrere Rollen. Die ,,typischen" Charakteristiken dieser Personen, die in der ,Hauptprobe' gar zu abstrakt und unverblümt in Erscheinung traten, sind im ,Sonderfall' vermenschlicht und gemildert. Die komprimierte, manchmal gar zu gewaltsame Sprache der ,Hauptprobe', bei deren oft telegrammhaft kurzen Sätzen jedes Wort hartnäckig auf seiner – oft kryptischen – Gewichtigkeit besteht, wird im ,Sonderfall' zur leichten, scheinbar mühelosen Alltagssprache. Die Dialoge sind oft von einer geradezu komödiantischen Leichtigkeit, die man diesem Dichter vielleicht nicht zutraute, von einer an Dürrenmatt erinnernden witzig-ernsten Schlagfertigkeit.

Offensichtlich war Nossack daran gelegen, Lesern, Publikum und Schauspielern diesmal mehr Hilfestellung zu geben: Dem Stück sind etwa zwei Seiten Regieanweisungen vorangestellt, die nicht nur dem leichteren Verständnis des ,Sonderfalls' zugute kommen, sondern dem Verständnis des Nossackschen Werks überhaupt. Das Neben- und Übereinander der Spielebenen wird identifiziert als die verschiedenen Wirklichkeiten, in denen sich der Mensch gleichzeitig bewegt: ,,Oft nun wird mitten in der Handlung, ja, mitten in einem Satz von einer Ebene auf die andere gewechselt, wie von Dur auf Moll [. . .] Die Personen werfen ihre Rollen von sich oder ergreifen sie, wie ihnen zumute ist und ohne auf den Partner Rücksicht zu nehmen, der vielleicht noch auf der anderen Ebene verharrt. Dadurch entstehen für den Moment komische Verwirrungen und auch schreiende Disharmonien, die aber das Wesen des Stücks ausmachen." (7) Nossack meint, daß er es dem Publikum gewiß noch leichter hätte machen können, wenn er auf die Übergänge von Ebene zu Ebene hingewiesen hätte. Doch mit einer Information ist nichts erreicht. Es kommt darauf an, diese Dinge einfühlend zu erleben.

Was das Schauspiel ,Ein Sonderfall' mit der Erzählung dieses Namens (siehe oben, 203–4) gemeinsam hat, ist das Grundthema: Ein Angestellter hat eine große Geldsumme gewonnen und kauft sich damit von seinen Verpflichtungen los, indem er den Betrag auf seine Frau überschreibt und Selbstmord begeht. Neu ist, daß diese Handlungsweise nur auf einer der Spielebenen stattfindet, wodurch der Selbstmord auf eine symbolische Handlung reduziert wird und nicht vorgibt, „Wirklichkeit" zu sein: Der Selbstmörder ist am Ende immer noch vorhanden. Neu ist auch, daß im Schauspiel die volle Besetzung des Nossackschen Grundmusters in Erscheinung tritt. Zum Angestellten und seiner Frau kommen ein Vater und eine Mutter hinzu, sowie eine Art jüngerer Bruder, der interessanterweise Rennfahrer ist für die Automarke „Orion". Außerdem ist er der Liebhaber der Frau des Angestellten, was aber von allen Beteiligten als im bürgerlichen Sinne nebensächlich behandelt wird. Wichtig an diesem Schauspiel ist die Überwindung der Fassadenrealität durch den Angestellten und seine Frau; die andern gehören zum Instrumentarium – selbst der ungestüme Rennfahrer. Der Angestellte dankt diesem für seine Gegenwart; denn ohne ihn wäre seine Frau ohne Profil geblieben: „Ein kleines Bürgermädchen. Nicht mehr als meine Frau, im Standesamt vermerkt; ein Fall, für den vier Zeilen in der Presse schon zu viel sind. Doch daß Sie hier die ganze Zeit auf sie gewartet haben, macht sie so glaubhaft. Sehen Sie, da kommt sie aus dem Sanatorium, als geheilt entlassen." (81) Nach dem „Selbstmord" ihres Mannes hat sich die junge Frau in ein Sanatorium begeben, um sich dort über die Welt gründlich auszulachen. Die Heilung heißt für sie die Absage an jegliche Illusion: Sie trennt sich von dem Rennfahrer, sie akzeptiert den „Selbstmord" ihres Mannes und die damit verbundene Tatsache, daß sie nun nicht mehr „gebraucht" wird, und sie wächst dadurch in die Projektion ihres Wesens, wie es sein müßte. Aus dem Portal des „ein wenig tempelhaften" Sanatoriums heraustretend spricht sie die einzigen stilistisch überhöhten Zeilen des Stücks: „Ein Bild, das ich von klein auf in mir trage und das nicht umkam, als das große Sterben war: ich trete aus einem lichten Haus, ganz licht gekleidet, und bin selbst das Bild. Und die es sehen dürfen, seufzen: Ja, so ist es. So muß es sein." (82)

Der Rennfahrer versucht, sie mit dem Namen, den er ihr gab, anzureden; doch sie ist nicht erreichbar: „Mit Namen ruft man mich, die Dauer haben.“ (82) Doch auch sie wird in ihre alten Rollen zurückfinden müssen: „Denn unsre Kraft, ein Bild zu sein, ist sehr begrenzt.“ (82) Was bleibt, ist vielleicht die Erinnerung an diesen Zustand, wie es schon in ‚Der Untergang‘ hieß, so daß man den Rollen, die gespielt werden müssen, nicht gänzlich verfällt.

V. Lyrik

Nossacks Schaffen läßt sich leicht in zwei Perioden einteilen: die Jahrzehnte *vor* dem Verlust seiner Manuskripte im Jahre 1943 und die Jahrzehnte danach bis zu seinem Tod. Vor 1947 hatte sich Nossack hauptsächlich als Dramatiker und Lyriker gesehen, danach wandte er sich fast ausschließlich der Prosa zu. Als im Jahre 1947 ein kleiner Band mit fünfzig Gedichten erschien, war das kein Neubeginn, sondern ein Schlußstrich unter die Vergangenheit. Im gleichen Jahr erschien auch ‚Nekyia' und dann in fast pausenloser Folge ein Prosawerk nach dem andern. Die Veröffentlichung der ‚Gedichte' muß auch in Verbindung mit der verheerenden wirtschaftlichen Lage des Autors gesehen werden; er brauchte einfach Geld. Er widersetzte sich einer Neuauflage, als die äußere Not nachgelassen hatte; es lag ihm daran, von nun an die gar zu intimen Einblicke in sein Seelenleben zu verhindern. Einige wenige hat er später in sein Prosawerk eingestreut, und sieben gab er etwa zwei Jahre vor seinem Tod frei zur Veröffentlichung in dem Band ‚Dieser Andere'. Im ganzen jedoch waren seine Gedichte für ihn erledigte Vergangenheit, entstanden unter größtem seelischen *und* politischen Druck, private Aufschreie, heroische Versuche, mit sich selbst, mit seiner durchgehenden Thematik und mit der politisch immer unmöglicher werdenden Zeit fertig zu werden. Was an den Gedichten erschüttert, ist die mönchisch asketische Gnadenlosigkeit sich selbst gegenüber. Künstlerisch gelungen sind allerdings nicht viele. Er selbst sah in ihnen später „kaum Lyrik, sondern die Bruchstücke nicht geschriebener Dramen". (‚Um es kurz zu machen', 113) Trotzdem sollte das eine oder andere in einer Anthologie nicht fehlen, weil sich darin die persönlich durchlittene Zeitgeschichte darstellt als überzeitlich gültige Erfahrung. Eines seiner besten Gedichte, und auch das kürzeste, ist dieses:

An den Tod

Laß mich in dieser Stunde nicht allein,
die mich zerbrechen will.
Sieh, ich ging abseits, weil ich leise sein
und mich nicht rächen will.
Doch alles, was mich schwächen will
mit lautem Nein,
folgte mir nach. O laß mich doch nicht schrein,
du Liebster, Letzter, den ich sprechen will.

(‚Gedichte', 16)

VI. Wirkungen

An Peter Suhrkamp, den er seit 1942 kannte und der sich von Jahr zu Jahr nicht entscheiden konnte, ob er die Arbeiten des vor Verzweiflung ungeduldigen Autors in sein Verlagsprogramm aufnehmen solle, schrieb Nossack manch offenes Wort, auch über sich selbst. Er bot sich an als problematischen, unbequemen Autor und fuhr fort: ,,[...] ich werde das schreiben, was ich schreiben muß oder was zu schreiben mir Spaß macht, und damit gut.“ Er weigerte sich von vornherein, am ,,Haschen nach publicity“ teilzunehmen. Andrerseits versprach er dem Verlag unbedingte Treue. Und dann legte er die Karten auf den Tisch, sich selbst und seine hoffnungslose Lage ganz undiplomatisch preisgebend: ,,Auf der andern Seite scheue ich mich nicht zu bekennen, daß Sie als Einzelgänger für mich Einzelgänger der einzige noch überlebende Verleger sind.“ (,Dieser Andere‘, 96–7) Im gleichen Jahre (1955) begann die für beide Teile günstige Zusammenarbeit. Nossack konnte nun schreiben, ohne an den Vertrieb denken zu müssen, und der Suhrkamp-Verlag setzte sich für seinen Autor ein, auch wenn aus dessen eigenwilliger Feder keine Bestseller zu erwarten waren.

Nossacks Werk nahm praktisch ab sofort eine wichtige Stellung ein in der deutschsprachigen Literatur. Keine seiner Veröffentlichungen blieben in der Presse unbesprochen. Daß gerade namhafte Kritiker dabei zu völlig gegensätzlichen Beurteilungen kamen, ist selbstverständlich, denn, wie Marcel Reich-Ranicki ausführte, gehörte Nossack ,,zu jenen eigenwilligen und oft unbequemen deutschen Schriftstellern, an deren Werk sich die Geister immer wieder scheiden“.[32] Auf welche Weise sich die Geister schieden, dafür ist das Taschenbuch ,Über Hans Erich Nossack‘, zusammengestellt von Christof Schmid, sehr aufschlußreich. Der Herausgeber hat, wenn möglich, einander völlig entgegengesetzte Beurteilungen gleicher Werke nebeneinander gestellt, wodurch der Leser erfährt, wieviel doch von den persönlichen Eigenheiten oder gar der politischen Ideologie des Kritikers abhängt. In einer kritischen Arbeit über Nossack, die später als das erwähnte Taschenbuch erschien, spricht ein marxistischer Autor gar von Nossacks „kulturkonservativer Rückbesinnung", von „Restauration", und erklärt dessen Verharren in den „Grenzen bürgerlicher Kulturideologie" als das Ergebnis negativer „Erfahrungsmuster" aus der Jugendzeit.[33] Daß marxistische Kritik nicht so beschränkt sein muß, dafür ist ein Beitrag der DDR-Schriftstellerin Christa Wolf in ‚Über Hans Erich Nossack' der beste Beweis.[34]

Es bleibt noch die Frage zu beantworten, an wen sich der Künstler wenden kann oder will, wenn er aus der Fassadenrealität ins Außerhalb getreten ist. In einem Brief an den Autor schrieb Nossack: „Was [das] Schreiben betrifft, so kommen wir nicht um die Frage herum, für wen man eigentlich schreibt. Schön, in erster Linie für sich, weil man sich über sich selbst klar werden will. Aber das reicht nicht aus. Die Frage nach dem Gegenüber bleibt, auch dann noch, wenn man das Gegenüber mitschaffen muß. Ich habe die Frage trotz meines Alters [70] nie für mich befriedigend beantworten können." Im gleichen Brief berichtete er von einem Erlebnis, das ihn tief berührt hatte: „Aber gerade vor ein paar Tagen bekam ich einen Hinweis, über den es sich nachzudenken lohnt. Ich erhielt einen Brief aus dem Zuchthaus. Die Strafgefangenen haben da eine Art Literaturkreis gebildet und hatten etwas von mir gelesen. Ich frage mich im Ernst, ob man nicht unbewußt für Leute schreibt, die wie man selber auch in Konflikt mit der Weltordnung geraten sind, womit ich nicht das Gesetz meine, das ist nur eine Folgeerscheinung, sondern das, was Camus die metaphysische Revolte nennt. Und das wäre dann ein Konflikt oder ein Problem, das vor zweitausend Jahren nicht anders war als heute oder in zweitausend Jahren, also wahrhaft geschichtslos." Und er fügte hinzu: „Dies nur als Anregung, denn ich habe das selber noch nicht zuende gedacht." Da wir hier von Wirkungen sprechen: Die Strafgefangenen hatten den Brief von sich aus an Nossack geschickt. Sie forderten ihn auf, sie in der Anstalt zu besuchen, was er auch tat. Der Besuch dauerte drei Stunden und hinterließ starke Eindrücke auf beiden Seiten.[35]

Zwei Jahre später erschien der Essay ‚Die Frage nach dem Gegenüber' (1973). Nossack hatte die Frage zu Ende gedacht auf eine Weise, die ihn vom Nur-Monologischen wegzuführen schien. Für einen Schriftsteller, dessen Schreibweise als geradezu exemplarisch für das Monologische gilt und der sie auch selbst in diesem Sinne charakterisiert hat, sind die folgenden Zeilen erstaunlich: „Mit wem spricht jemand, der kein Spiegelbild mehr hat und der nicht mehr seinem sozialen Image zuliebe zu lügen braucht, wen spricht er an? [...] Es ist nämlich kein Monolog, wie immer fälschlich angenommen wird. Ein absoluter Monolog, falls es so etwas geben sollte, wäre unproduktiv." Was so viel heißt wie: Er bliebe ohne Resonanz. Der nächste Satz aus dem Essay weist auf eine neue Art des Sprechens: „Eher könnte man von einem Chor der Stimmen reden, die außerhalb der geschichtlichen Zeit immer wieder mit auffallender Einmütigkeit die gleiche Frage stellen. Aber an wen?" Wer sich an ‚Nekyia' erinnert, weiß, wen die Frage betrifft: die personifizierte Projektion der eigenen Möglichkeit. Auch in diesem Aufsatz heißt es ganz ähnlich: „Wir vermuten, daß das Gegenüber des Künstlers, das für ihn alleiniger Maßstab ist und vor dem er zu bestehen versucht, seine Möglichkeit ist und damit die Möglichkeit des Menschen." Die introspektive Selbstbezogenheit, notwendig wie sie ist für das Finden der eigenen Möglichkeit, wird in Verbindung gebracht mit der gleichermaßen gültigen Möglichkeit aller Menschen. Die private Erfahrung erhält eine soziale Dimension. Neu ist dieser Gedanke bei Nossack nicht, es wurde immer wieder auf die Gemeinsamkeit der Außenseiter hingewiesen. Doch es ist wichtig, daß Nossack diesen Gedanken so spät in seinem Leben noch einmal außerhalb des erzählerischen Rahmens formulierte, damit das Monologische nicht als Pose des Egoisten erscheint und den „Chor der Stimmen“ im Außerhalb und das Schreiben „für Leute“ vergessen macht.

Als „Zwiesprache mit sich selbst“ verstanden, behält der Monolog seine Gültigkeit als Formel für die Nossacksche Ausdrucksweise. Er ist sogar unerläßlich als Vorbedingung für denjenigen, der dem „Chor der Stimmen“ im Außerhalb angehören will. Die Qualität eines Chors hängt ja in erster Linie davon ab, wie weit es dem einzelnen Sänger gelungen ist, die *eigene* Möglichkeit zu kultivieren. Absurd wäre es, wenn man aus falsch verstandenem Egalitarismus darauf bestehen wollte, daß alle Chorsänger die gleiche Stimmlage haben. Im „Lobgesang“, der ‚Nekyia‘ beschließt, sind die Stimmen der einzelnen Sänger „deutlich und unfehlbar“ zu erkennen. (‚Nekyia‘, 153) Auf die gesellschaftlich-soziale Ebene transponiert ist Nossacks musikalisches Gleichnis das Modell einer Gesellschaftsordnung, deren Harmonie darauf beruht, daß jedes ihrer Mitglieder die eigene Richtung gefunden hat. Eine Gesellschaft gleichgesinnter, gleichgestellter, aber nicht gleicher Menschen.

VII. Anmerkungen

1 Archäologie des Gewissens. DIE ZEIT 48 (1977), 10.
2 Hans Erich Nossack: ‚Das kennt man'. In: Literatur der kleinen Schritte, Frankfurt/M 1967, 72.
3 Hans Erich Nossack. In: Werkstattgespräche mit Schriftstellern. 3. Auflage. München 1976, 85–101.
4 Gespräch mit Hans Erich Nossack. In: Gespräche über den Roman. Frankfurt am Main 1976, 369–399.
5 Monologische Kunst. Untersuchungen zum Werk von Hans Erich Nossack. Stuttgart, Berlin, Köln, Mainz 1968.
6 Christof Schmid, Monologische Kunst (s. o. Anm. 5), 22.
7 Siehe dazu: Klaus Hoppe, Die Trennung der Gehirnhälften. Die Bedeutung für die Psychoanalyse. In: Psyche XXIX, Stuttgart 1975, 919–940.
8 Christof Schmid, Vorwort zu: Über Hans Erich Nossack. Hrsg. von Christof Schmid. Frankfurt am Main 1970, 7.
9 Über Hans Erich Nossack (s. o. Anm. 8), 28.
10 Siehe dazu auch ‚Ich habe nur dich, Kassandra', in: Pseudoautobiographische Glossen.
11 Gotthold Ephraim Lessing, Wie die Alten den Tod gebildet. Gesammelte Werke. München 1959, II.
12 Christof Schmied (s. o. Anm. 5), 75.
13 Heinrich von Kleist, Über das Marionettentheater, z. B. in: Sämtliche Werke. Hrsg. von Paul Stapf. Berlin und Darmstadt 1960, 1091 und 1094.
14 Helmut Uhlig, „Nach dem letzten Aufstand". In: Über Hans Erich Nossack. Frankfurt am Main 1970, 123–4.
15 Urs Jenny, Die Wirklichkeit hinter den Dingen. (s. o. Anm. 14) 126.
16 Marcel Reich-Ranicki, Zwischen Utopie und St. Pauli. (s. o. Anm. 14), 129.
17 Walter Helmut Fritz, Atempausen der Prosa. (s. o. Anm. 14), 122.
18 Marcel Reich-Ranicki (s. o. Anm. 16), 132.
19 Karl Krolow, Klarlinige Prosa. (s. o. Anm. 14), 114–115.

20 Karl G. Esselborn, Gesellschaftskritische Literatur nach 1945: Politische Resignation und konservative Kulturkritik, besonders am Beispiel Hans Erich Nossacks. Kritische Information 56. München 1977, 156.

21 Manfred Durzak, Epische Rechenschaftsberichte. Das Erzählwerk von Hans Erich Nossack. (s. o. Anm. 4), 417.

22 Eine Geschichte von Hans Erich Nossack mit Bildern von Arturo Heras. Ein Insel-Bilderbuch. Frankfurt/Main 1974.

23 In: ‚Dieser Andere'. In der ‚Gestohlenen Melodie' hat man eine überarbeitete Fassung vor sich (166–179), die stilistisch und inhaltlich gestraffter ist und deshalb noch stärker wirkt.

24 Günter Blöcker, Am Ende lüftet er das Visier. Hans Erich Nossack: „Die gestohlene Melodie". In: Literaturblatt. Frankfurter Allgemeine Zeitung Nr. 292, 1972.

25 Brief an den Autor vom 4. Dezember 1972.

26 Brief an den Autor vom 3. März 1973.

27 Christof Schmid, Nachwort zu: Dieser Andere. (s. o. Anm. 23), 308.

28 In: Hans Erich Nossack, Pseudoautobiographische Glossen. Frankfurt am Main 1971, 23–24.

29 Gespräch mit Johannes Kraus (Freie Waldorfschule, Hannover) in Hamburg.

30 Brief vom 7. Okt. 1971 an Huguette Giraud. Zitiert in: Huguette Giraud. Hermann Kasack – Hans Erich Nossack. Correspondence (1945–1949). Recherches Germaniques. Revue Annuelle No. 2, 1972, 218.

31 Brief an den Autor vom 6. Februar 1977.

32 Marcel Reich-Ranicki. (s. o. Anm. 14), 72.

33 Karl G. Esselborn. (s. o. Anm. 20), 7–8.

34 „Freiheit" oder Auflösung der Persönlichkeit. (s. o. Anm. 14), 98–111.

35 Brief an den Autor vom 31. März 1971. Das „Zuchthaus" ist die Strafvollzugsanstalt Celle. Der „Literaturkreis" wurde von dem damaligen Schauspieler des Schloßtheaters Celle, Johannes Kraus, betreut.

VIII. Bibliographie

Veröffentlichungen in Buchform, nach Erscheinungsjahr geordnet

1947 ‚Gedichte', Hamburg 1947.

1947 ‚Nekyia. Bericht eines Überlebenden', Hamburg 1947; Frankfurt am Main 1961 (B. S. 72).

1948 ‚Interview mit dem Tode', Hamburg 1948; Frankfurt am Main 1963 (B. S. 117).

1949 ‚Die Rotte Kain'. Schauspiel, Hamburg 1949.

1955 ‚Die Begnadigung', Zürich 1955 (bibliophile Ausgabe Kurt Bösch Presse).

1955 ‚Spätestens im November'. Roman, Berlin 1955; München 1955 (dtv 162); Reinbek bei Hamburg 1955 (rororo 1082); Frankfurt am Main 1972 (B. S. 331).

1955 ‚Der Neugierige', München 1955; Frankfurt am Main 1963.

1956 ‚Die Hauptprobe'. Eine tragödienhafte Burleske mit zwei Pausen. Hamburg 1956 (Mainzer Reihe Bd. 3).

1956 ‚Spirale. Roman einer schlaflosen Nacht', Frankfurt am Main 1956; Frankfurt am Main 1972 (st 50).

1958 ‚Begegnung im Vorraum'. Zwei Erzählungen, Olten 1958.

1958 ‚Der jüngere Bruder'. Roman, Frankfurt am Main 1958; Berlin–Darmstadt–Wien 1964; München 1965; ‚Erweiterte Ausgabe mit einem Nachwort von Christof Schmid', Frankfurt am Main 1973 (st 133).

1959 ‚Unmögliche Beweisaufnahme', Frankfurt am Main 1959 (B. S. 49).

1961 ‚Der Untergang', Frankfurt am Main 1961 (es 19).

1961 ‚Nach dem letzten Aufstand'. Ein Bericht, Frankfurt am Main 1961.

1963 ‚Begegnung im Vorraum'. Erzählungen, Frankfurt am Main 1963.

1963 ‚Ein Sonderfall'. Schauspiel, Neuwied–Berlin 1963 (Mainzer Reihe Bd. 19).

1964 ‚Sechs Etüden', Frankfurt am Main 1964 (Insel Bücherei 805).

1964 ‚Das kennt man'. Erzählung, Frankfurt am Main 1964.

1964 ‚Das Testament des Lucius Eurinus', Zürich 1964 (bibliophile Ausgabe Kurt Bösch Presse); Frankfurt am Main 1965 (es 117).

1965 ‚Das Mal und andere Erzählungen', Frankfurt am Main 1965 (es 97).

1966 ‚Die schwache Position der Literatur'. Reden und Aufsätze, Frankfurt am Main 1966 (es 156).

1968 ‚Der Fall d'Arthez'. Roman, Frankfurt am Main 1968; Reinbek bei Hamburg 1971 (rororo 1393/94); Frankfurt am Main 1974 (Sonderausgabe).

1969 ‚Dem unbekannten Sieger'. Roman, Frankfurt am Main 1969; Frankfurt am Main 1970 (B. S. 270).

1971 ‚Pseudoautobiographische Glossen'. Zusammengestellt von Christof Schmied, Frankfurt am Main 1971 (es 445).

1972 ‚Die gestohlene Melodie'. Roman, Frankfurt am Main 1972; Frankfurt am Main 1975 (st 219).

1973 ‚Bereitschaftsdienst. Bericht über die Epidemie', Frankfurt am Main 1973.

1974 ‚Der König geht ins Kino'. Eine Geschichte von Hans Erich Nossack mit Bildern von Arturo Heras, Frankfurt/Main 1974 (Ein Insel-Bilderbuch).

1975 ‚Um es kurz zu machen', Miniaturen zusammengestellt von Christof Schmied, Frankfurt am Main 1975 (st 225).

1975 ‚Ein glücklicher Mensch. Erinnerungen an Aporée'. Roman, Frankfurt am Main 1975.

1976 ‚Dieser Andere'. Ein Lesebuch mit Briefen, Gedichten, Prosa, hrsg. von Christof Schmid, Frankfurt am Main 1976.

Veröffentlichungen in Zeitungen, Zeitschriften, Anthologien. Hier kann nur eine Auswahl angeführt werden. Viele der wichtigsten sind auch in ‚Die schwache Position der Literatur', ‚Pseudoautobiographische Glossen', ‚Um es kurz zu machen' und in ‚Dieser Andere' enthalten.

1950 ‚Publikum und Dichter'. Rede zur Hamburger Buchausstellung 1949, in: Neues Hamburg. Zeugnisse vom Wiederaufbau der Hansestadt, hrsg. von Erich Lüth, Hamburg 1950, 43-50.

1951 ‚Die Antwort ist Schweigen. Nachmittägliche Zwischenbemerkung', in: DIE WELT, 28. 1. 1951.

1951 ‚Der Dichter als biologisches Phänomen', in: Die Neue Zeitung, 1. 8. 1951.

1951 ‚Die Rotte Kain'. Vorwort des Dichters in: Blätter des Hessischen Staatstheaters Wiesbaden, 1951/52, H. 5.

1952 ‚Warum ich protestiere'. Zum Gesetz über den Vertrieb jugendgefährdender Schriften, in: Die neue Zeitung, 8. 10. 1952.

1952 ‚Mehr darf man nicht davon verraten', in: Fünf Fenster. Jahrbuch der Freien Akademie der Künste in Hamburg, Hamburg 1952, 77–82.

1952 Vorbemerkung des Autors zur ‚Hauptprobe', in: Blätter des Hessischen Staatstheaters Wiesbaden, 1952/53, H. 8.

1954 ‚Die Fuge wozu?', in: Hans Henny Jahnn. Im Auftrag der Freien Akademie der Künste in Hamburg, Hamburg 1954, 32–36.

1954 ‚Die dichterische Substanz im Menschen', in: Jahrbuch der Akademie der Wissenschaften und der Literatur, Mainz. Wiesbaden 1954, 315–321.

1956 ‚Über den Einsatz', in: Akademie der Wissenschaften und der Literatur, Mainz. Abhandlungen der Klasse der Literatur, Wiesbaden 1956, Nr. 3, 51–69.

1957 ‚Der Weg ins Verschweigen', in: Was halten Sie vom Christentum?, München 1957, 25–31.

1957 ‚Daran glaube ich', in: Kristall, 1957.

1959 ‚Freizeitliteratur'. Eine Fastenpredigt, in: Akademie der Wissenschaften und der Literatur, Mainz. Abhandlungen der Klasse der Literatur, Wiesbaden 1959, Nr. 3.

1959 ‚In memoriam', in: In memoriam Peter Suhrkamp, hrsg. von Siegfried Unseld, Frankfurt am Main 1959, 52–58.

1960 ‚Rede am Grabe' (Hans Henny Jahnns), in: Kontraste. Jahrbuch der Freien Akademie der Künste in Hamburg, Hamburg 1960.

1961 ‚Rede in Neu-Delhi', in: Unilit. Seconderabad, Nr. 2, 1961 (auf englisch. Deutsch in: Die schwache Position der Literatur).

1961 ‚So lebte er hin ...' Büchner-Preis-Rede 1961, in: Merkur 1961, 1001–1008.

1962 ‚Strickwaren für Neger. Ist unsere Literatur arbeiterfremd?‘, in: Merkur 1962, 993–996.

1962 ‚Der Mensch in der heutigen Literatur‘, in: Jahresring 1962/63, Stuttgart 1962, 44–60.

1963 ‚Es ist schade um die Menschen‘. Ansprache zur Eröffnung der Frankfurter Buchmesse 1963, in: Börsenblatt des deutschen Buchhandels, Frankfurt/M. 1963, Nr. 19, 1887f.

1963 ‚Die Furcht vor dem selbständigen Denken‘, in: Christ und Welt, 11. 10. 1963.

1963 ‚Gespräch vor der Katastrophe‘, in: ‚Antworten‘. Jahrbuch der Freien Akademie der Künste in Hamburg, Hamburg 1963, 51–61.

1964 ‚Schwierigkeiten heute die Wahrheit zu schreiben‘. Eine Frage und einundzwanzig Antworten, hrsg. von Heinz Friedrich, München 1964, 130–138.

1964 ‚Menschliches Versagen‘. Wilhelm-Raabe-Preis-Rede 1963, in: Jahresring 1964/65, Stuttgart 1964, 237–247.

1965 ‚Übersetzen und übersetzt werden‘, in: Übersetzen. Vorträge und Beiträge vom Internationalen Kongreß literarischer Übersetzer in Hamburg 1965, hrsg. von Rolf Italiaander, Frankfurt/M. 1965, 9–19.

1965 ‚Musenweimar‘, in: Atlas, zusammengestellt von deutschen Autoren, Berlin 1965, 281–290.

1965 ‚Proligio‘. Ein Traktat über die Zukunft des Menschen, in: Merkur 1965, 601–608.

1965 ‚Stimme und Verstummen‘, in: Jahresring 1965/66, Stuttgart 1965, 236–242.

1966 ‚Bitte kein literarisches Geschwätz‘, in: Die Welt der Literatur, 6. 1. 1966.

1966 ‚Jahrgang 1901‘, in: Jahr und Jahrgang 1901, Hamburg 1966, 50–92.

1966 ‚Er wurde zuletzt ganz durchsichtig‘. Erinnerungen an Hermann Kasack, in: Parabeln. Jahrbuch der Freien Akademie der Künste in Hamburg, Hamburg 1966, 228–235.

1966 ‚Engagement‘, in: Streit-Zeit-Schrift, Jubiläumsheft 1956, 56–57.

1967 ‚Dies lebenlose Leben‘. Versuch über den NS-Alltag, in: Merkur 1967, 134–149.

1967 ‚Warum ich nicht wie Hermann Broch schreibe‘, in: Fünfzehn Autoren suchen sich selbst, hrsg. von Uwe Schultz, München 1967, 64–71.

1968 ‚Das Verhältnis der Literatur zu Recht und Gerechtigkeit', in: Akademie der Wissenschaften und der Literatur, Mainz. Abhandlungen der Klasse der Literatur, Wiesbaden 1968, Nr. 2.

1968 ‚Zu meinem Roman „Der Fall d'Arthez"', in: Dichten und Trachten, Frankfurt/M. 1968.

1968 ‚Ameisen brauchen keine Literatur', in: Süddeutsche Zeitung, 21./22. 12. 1968.

1969 ‚Gedanken zur Rebellion'. Religionsersatz und Revolutionsersatz, in: neutralität, Dezember 1969, 35–37.

1970 ‚Autobiographie', in: Über Hans Erich Nossack, hrsg. von Christof Schmid, Frankfurt am Main 1971 (es 445), 159–162.

1971 ‚Orest', in: Romanfiguren, hrsg. von der Akademie der Wissenschaften und der Literatur, Mainz. Klasse der Literatur. Mainz 1971, 9–16.

1971 ‚Werkstattgespräch mit Uwe Schultz', in: Selbstanzeige. Schriftsteller im Gespräch, hrsg. von Werner Koch. Frankfurt am Main 1971, 17–25.

1972 ‚Image 71', in: Jemand der schreibt. 57 Aussagen, hrsg. von Rudolf de le Roi, München 1972, 23–31.

1972 ‚Literatur und Biographie'. Werkstattgespräch mit Christof Schmid, in: Literarische Werkstatt. Interviews, hrsg. von Gertrud Simmerding und Christof Schmid, München 1972, 40–50.

1973 ‚Nachtgespräch auf der Lombardsbrücke', in: Merian-Heft ‚Hamburg', 7–8.

1973 ‚Die Frage nach dem Gegenüber', in: Jahresring 1973/74, Stuttgart 1973, 127–129.

Von Hans Erich Nossack ins Deutsche übersetzt

Joyce Cary, The Horse's Mouth = Des Pudels Kern, Hamburg 1949.

Gerald Hanley, Drinkers of Darkness = Dunkler Wind, Hamburg 1957.

Harold Nicolson, The English Sense of Humour. Essays = Die

Kunst der Biographie und andere Essays, Frankfurt am Main 1958.
Sherwood Anderson, Winesberg, Ohio, Frankfurt am Main 1958.

Auswahl aus der Literatur über Hans Erich Nossack

Bienek, Horst, ‚Hans Erich Nossack', in: Werkstattgespräche mit Schriftstellern, 3., vom Autor durchgesehene und erweiterte Ausgabe, München August 1976 (dtv 291). Neben bekannten Nossackschen Aussagen ein interessanter Hinweis auf seine Übersetzertätigkeit.

Blöcker, Günter, ‚Am Ende lüftet er das Visier' (Über ‚Die gestohlene Melodie'), in: Frankfurter Allgemeine Zeitung 16. 12. 1972, Nr. 292.

Durzak, Manfred, ‚Die intensivste Form des Lebens ist für mich ein Buch zu schreiben. Gespräch mit Hans Erich Nossack'. Und: ‚Epische Rechenschaftsberichte. Das Erzählwerk von Hans Erich Nossack', in: Gespräche über den Roman, Frankfurt am Main 1976 (st 318). Eine anregende Arbeit, die viele Aussagen Nossacks zusammenbringt.

Esselborn, Karl G., ‚Gesellschaftskritische Literatur nach 1945: Politische Resignation und konservative Kulturkritik, besonders am Beispiel Hans Erich Nossacks'. Kritische Information 56, München 1977.

Kraus, Joseph, ‚The Missing Link or the Quiet Rebellion of Hans Erich Nossack', Bonn 1976 (Bouvier: Abhandlungen zur Kunst-, Musik- und Literaturwissenschaft, Bd. 25). Die Arbeit dient vor allem der Einführung Nossacks im englisch-amerikanischen Sprachraum.

Lenz, Siegfried, ‚Archäologie des Gewissens', in: DIE ZEIT, Nr. 48, 25. Nov. 1977. Lenz plädiert dafür, „lebensfördernde Unentschiedenheit" bei der Beurteilung Nossacks nicht frühzeitig durch Meinungs-„Aufkleber" zu hemmen.

Mayer, Hans, ‚Der totale Ideologieverdacht' in: Deutsche Literatur seit Thomas Mann, Reinbek bei Hamburg 1967; 1968 (rororo 1063). Nossack wird hier zur „Generation der gebrannten Kinder" gezählt.

Reich-Ranicki, Marcel, ‚Hans Erich Nossack: Das kennt man', und

‚Hans Erich Nossack: Die schwache Position der Literatur', in: Literatur der kleinen Schritte. Deutsche Schriftsteller heute, München 1967; Frankfurt/M 1971 (Ullstein 2867). Siehe dazu im gleichen Band: ‚Statt eines Vorworts' und ‚Statt eines Nachworts'.

Scheuffelen, Thomas, ‚Zurück von der andern Seite' (Über ‚Die gestohlene Melodie'), In Stuttgarter Zeitung, 4. 11. 72, S. 52.

Schmid, Christof, ‚Monologische Kunst-Untersuchungen zum Werk von Hans Erich Nossack', Stuttgart 1968. Eine grundlegende Untersuchung der Nossackschen Thematik und Schreibweise mit einem ausführlichen Literaturverzeichnis.

Ders., ‚Über Hans Erich Nossack', hrsg. von Christof Schmid, Frankfurt am Main (es 406). Eine Sammlung vieler wichtiger Würdigungen, Abhandlungen und Buchbesprechungen mit einer ausführlichen Bibliographie (inklusive 1969). Siehe auch das Vorwort.

Ders., ‚Vorbemerkung' und ‚Nachwort' zum Anhang von Der jüngere Bruder, erweiterte Ausgabe, Frankfurt am Main 1973.

IX. Zeittafel

1901 Geburt Hans Erich Nossacks am 30. Januar in Hamburg.

1919 Abschluß des humanistischen Gymnasiums „Johanneum“.

1919 Student in Jena (Rechtswissenschaft und Philosophie).

1922 Abbruch des Studiums. Bruch mit der Familie. Hilfsarbeiter. Zeitweilige Mitgliedschaft in der KPD.

1925 Beginn der lebenslangen Ehe mit Gabriele Knierer. Bankangestellter. Ausbildung als Bankkaufmann. Kurz vor der Machtübernahme 1933 erneute Mitgliedschaft in der KPD. Mitarbeit am Widerstand gegen die Nationalsozialisten.

1933 Haussuchungen durch SA und Polizei. Flucht in die väterliche Importfirma Eugen Nossack. Bald Übernahme der Firmenleitung.

1933–1945 Schreibverbot.

1943 Verlust der Tagebücher und geheimen Manuskripte, sowie des gesamten persönlichen Besitzes bei den Luftangriffen auf Hamburg.

1947 ‚Gedichte‘; ‚Nekyia. Bericht eines Überlebenden‘.

1948 ‚Interview mit dem Tode‘. Erzählungen. Durch Jean Paul Sartres Vermittlung erscheinen die ersten Nossack-Bücher in Übersetzung in Frankreich.

1955 Verlagskontrakt mit Peter Suhrkamp. ‚Spätestens im November‘. Roman. ‚Der Neugierige‘. Erzählung.

1956 ‚Spirale. Roman einer schlaflosen Nacht‘. Auflösung der Importfirma Eugen Nossack, mit Hilfe von Kurt Bösch. Umzug nach Aystetten bei Augsburg. Zum ersten Mal freier Schriftsteller.

1958 ‚Begegnung im Vorraum‘. Zwei Erzählungen. ‚Der jüngere Bruder‘. Roman.

1961 ‚Nach dem letzten Aufstand. Ein Bericht‘. Als Repräsentant westdeutscher Schriftsteller mit Rudolf Hagelstange zur Tagore-Feier nach Neu-Delhi.

1962 Umzug nach Darmstadt.

1963 Wilhelm-Raabe-Preis der Stadt Braunschweig.

1964 ‚Sechs Etüden'; ‚Das kennt man'. Erzählung; ‚Das Mal' und andere Erzählungen.
1965 Umzug nach Frankfurt am Main.
1966 ‚Die schwache Position der Literatur'. Reden und Aufsätze.
1968 ‚Der Fall d'Arthez'. Roman.
1969 ‚Dem unbekannten Sieger'. Roman.
Umzug nach Hamburg.
1971 ‚Pseudoautobiographische Glossen'.
1972 ‚Die gestohlene Melodie'. Roman.
1973 ‚Bereitschaftsdienst. Bericht über die Epidemie'.
1975 ‚Ein glücklicher Mensch'. Roman.
1977 Tod Hans Erich Nossacks am 2. November.